# 수익형 부동산
# 투자하지 마라!

### 이걸 알 때까지!

〈일러두기〉

- 책 내용은 지은이의 경험에 의한 서술로서 관련법과 사업계획의 변화로 일부 차이가 있을 수 있습니다. 특정 사업의 추진관련 회사와 무관하며, 기술한 수익률 등의 모든 수치는 모두 독자의 이해를 돕기 위한 예상 수치라는 점을 알려드립니다.

- 책에 포함된 이미지는 홍보용 이미지로서 독자의 이해를 돕기 위해서 제작된 것으로 실제와 차이가 있을 수 있으며, 또한 주변 배후시설 및 개발계획은 관계기관의 사업계획 및 일정에 따라 변경될 수 있습니다. 이는 당 현장의 사업 추진 관련사 그리고 출판사 및 저자 등과 무관하다는 점을 알립니다.

- 3부에서, 원활한 도서의 제작을 위해서 심층 분석 분양 현장 명칭을 'J 테라스'로 익명처리 하였습니다.

## 현장 경험에서 터득한 차별화된 안목

필자의 직업은 부동산 분양에 관련된 책을 쓰는 분석 작가이기도 하지만 현재의 주업은 부동산 분양업이다. 부동산 분양 일을 하면서 터득한, 팩트에 입각한 독특한 분석법으로 해당 현장의 투자가치를 분석하고, 정말 확실한 물건이라는 확신이 서면 해당 분양 현장에 들어가 물건의 전체적인 세부사항을 분석하여 그 내용을 토대로 책을 발간하고 있다.

그런 업무를 수없이 하다 보니 이젠 어떤 현장이라도 사업개요나 입지 등의 일반적인 정보만 봐도 어느 정도 현장에 대한 판단을 할 수 있게 되었다. 아울러 분석 과정에서 책이나 인터넷에서 언급하기 꺼림칙한 비하인드 스토리도 종종 알게 되기도 한다.

필자는 전공도 공대 출신으로서 부동산하고는 전혀 관련이 없지만 부동산 분양 현장에서 몸으로 분양판 경험을 쌓으며 남과 다른 차별화된 분석력으로 꾸준히 일을 해오다 보니 필자만의 물건을 보는 안목이 생기게 된 것뿐이다.

따라서 이 책에서는 전문 부동산 학자나 유명 부동산 컨설턴트처럼 전문적인 이론이나 정책, 거시적인 투자 전망 등 거창한 것보다는 분양 현장에서만 느낄 수 있는 실질적이고 현실적인 실전 부동산 투자 및 분양에 관련된 내용을 제시하고자 한다.

1부 '부동산 투자환경'에서는 현재 처해 있는 부동산 투자환경에 대해 집중적으로 알아보고, 2부 '수익형 부동산 공략법'에서는 수익형 부동산 투자의 기본 가이드를 제시하고 누구도 알려주지 않는 부동산 분양판의 진실을 알아본다. 3부 '분양현장 심층분석'에서는 필자가 발굴한 현장을 소개하고, 왜 이 물건을 선택해야 하는지 그 이유를 알아본다. 마지막 4부 '실전 응용'에서는 필자가 제시한 물건을 임대수익용 외에 세컨드하우스로 활용하거나 이를 통해서 안정적인 은퇴생활을 할 수 있는 실전 방법을 제시해 일반 투자자의 입장에서 폭넓게 활용할 수 있도록 하였다.

끝으로 이 책이 나오기까지 많은 조언과 방향을 제시해주신 라곰스토리 이동현 대표님께 진심 어린 감사를 전하며, 오래 전부터 책 발간을 위해서 여러모로 많은 도움을 주신 도서출판 맑은샘 김양수 대표님과 관련 직원분들에게도 이 자리를 빌려 고마움을 전한다.

2018년 9월
어느 날 말죽거리에서
심주호

# 목 차

머리말 … 3


🏠 **1부  부동산 투자 환경**

**Part 1 부동산 투자의 빛** … 13
  01. 한반도 긴장 완화 / 13
  02. 제4차 국토종합개발계획 추진 / 14
  03. 교통망 개선 / 16
  04. 임대사업 활성화 / 17
  05. 유망한 관광산업의 미래 / 20
  06. 장기적인 저금리 기조 / 23
  07. 고령사회 및 초고령사회 / 24
  08. 1~2인 가구의 증가 / 25
  09. 미군부대 평택 이전 / 27
  10. 한류 열풍 / 29

**Part 2 부동산 투자의 그림자** … 31
  01. 부동산 대출규제 및 세금인상 / 31
  02. 경기침체 및 내수부진 / 33
  03. 공급과잉 논란 / 34
  04. 대출금리 상승 / 35
  05. 주변국과의 정치적 마찰 / 36
  06. 교통망 개선 / 37
  07. 인구 감소 / 38
  08. 고령사회 / 39
  09. 수익률 저하 / 40
  10. 미군 철수 / 미군 감축 / 41

Part 3 부동산 투자환경 분석 ··· 43

   01. 아파트 투자는 언제나 불패? / 43

   02. 신규 상가 투자 환경 / 47

   03. 오피스텔 및 레지던스 투자 환경 / 51

   04. 분양형 호텔 투자 환경 / 55

   05. 역세권토지 투자 환경 / 59

## 2부   수익형 부동산 공략법

Part 1 수익형 부동산 실전투자 가이드 ··· 67

   01. 1가구2주택에 해당되는 경우는? / 67

   02. 부동산 침체기에 필요한 투자 조건 / 68

   03. 불확실 시대에 가장 안전한 수익형 부동산은 무엇인가? / 71

   04. 소형 부동산의 주거문화가 변하고 있다 / 74

   05. 소형 수익형 부동산 분양 시 발생하는 세금 / 75

   06. 수익형 부동산의 선분양은 과연 안전할까? / 80

   07. 부동산 침체기의 현명한 소형 부동산 선택방법 / 82

   08. 소형 수익형 부동산도 위치가 생명이다 / 87

   09. 이제 상가는 입지만으로 성공하기 어렵다 / 90

   10. 변화하지 않는 곳은 살아 남을 수 없다 / 91

   11. 금리 상승과 부동산 투자 / 93

   12. 고수는 위기를 기회로 활용한다 / 95

   13. 분양 시점에 싼 것은 싼 게 아닐 수 있다 / 97

   14. 로열 호실은 어디일까? / 99

   15. 소형 수익형 부동산 비교분석 / 101

   16. 지키기 위한 수익형 부동산은 무엇인가? / 102

17. 1층 코너 상가를 쉽게 잡을 수 있는 방법 / 104

18. 못 믿을 국민연금의 대안은 뭘까? / 106

19. 공시지가는 해당 부동산을 판단하는 기준이 될 수 있다 / 111

20. 역세권 토지에 절대로 투자해서는 안 될 사람들 / 112

21. 은퇴자금 마련용으로 소형 수익형 부동산이 적정한 이유 / 116

22. 강남역 등의 핵심 중심지의 임대수익률은 왜 낮을까? / 120


**Part 2  주요 부동산의 기대수익률 분석 ··· 122**

01. 기대수익률 분석 조건 / 122

02. 소형 아파트 기대수익률 분석 / 123

03. 상가 기대수익률 분석 / 124

04. 오피스텔/레지던스 기대수익률 분석 / 125

05. 토지 기대수익률 분석 / 127

06. 분양형 호텔 기대수익률 분석 / 128


**Part 3  부동산 분양판 고해성사 ··· 129**

01. 수익형 부동산 투자수익률 계산의 오류 / 129

02. 분양 조감도의 불편한 진실 / 132

03. 중도금 무이자 혜택의 진실 / 133

04. 수익률 보증의 노림수 / 136

05. 수익률 보증 기간의 비밀 / 138

06. 수익률 보증 회사의 정체 / 140

07. 대기업의 분양 전환 목적 / 141

08. 부동산 투자 시 독배가 될 수도 있는 요소 / 143


**Part 4  종자돈 굴리기 전략전술 ··· 145**

01. 목표 설정 / 145

02. 목돈을 어디에 굴려야 하나? / 146

03. 투자성향에 맞는 설계가 필요하다 / 148

04. 분산투자가 필요하다 / 150

05. 어떤 상품을 선택해야 할까? / 151

06. 소형 수익형 부동산 투자로 1억 굴리기 / 153

# 🏠 3부   분양 현장 심층분석

**Part 1** 'J 테라스' 소개 ··· 161

01. 'J 테라스'는 무엇인가? / 161

02. 타입 및 스펙 / 164

03. 입지환경 분석 / 165

04. 예상 실투자금 분석 / 168

05. 특화된 프리미엄 7 / 170

06. 계약 조건 분석 / 171

**Part 2** 'J 테라스' 투자가치 분석 ··· 173

01. 연동은 왜 제주의 강남일까? / 173

02. 연동도 다 같은 연동이 아니다 / 176

03. 누웨모루 거리(구 바오젠 거리) 소개 / 178

04. 시세차익도 가능할까? / 179

05. 여기는 왜 수익률 보증을 하지 않나? / 181

06. 당 사업지의 토지가격 변동폭 분석 / 182

07. 당 현장 투자금의 미래가치 분석 / 184

08. 당 사업의 투자가치 분석 / 186

09. 변두리의 싼 수익형 부동산과는 차원이 다르다 / 190

10. 이곳은 객실 장사가 잘 될까? / 192

11. 이곳은 왜 요즘 같은 시기에 틈새 부동산이라고 할까? / 196

12. 이곳이 저평가된 객관적인 증거 / 200

13. 활용도 분석 / 203

14. 이 시기 최고의 상품이라고 주장하는 이유 / 206

# 4부  실전 응용

Part 1 세컨드하우스로 활용하기 … 219

01. 세컨드하우스는 꼭 전원주택이어야 하나? / 219

02. 'J 테라스'는 세컨드하우스로 적정한가? / 221

03. 제주도에 세컨드하우스를 마련해야 하는 이유 / 225

04. 세컨드하우스는 어떻게 활용해야 하나? / 227

05. 이런 세컨드하우스는 누구에게 필요할까? / 228

Part 2 안정적인 은퇴생활 하기 … 231

01. 은퇴 설계의 필요성과 중요성 / 231

02. 노후자금은 얼마나 필요할까? / 234

03. 은퇴생활은 꼭 전원생활이어야 하나 / 235

04. 은퇴자금 마련을 위한 마땅한 수단이 없다 / 237

05. 부동산 / 주택연금 / 연금보험의 연계가 필요하다 / 239

06. 연금형태의 시스템이 필요하다 / 242

07. 은퇴 전 활용하기 / 244

08. 은퇴 후 활용하기 / 245

09. 은퇴자금 설계 플랜 / 247

# 1부

# 부동산 투자 환경

# PART

# 부동산 투자의 빛

## 01. 한반도 긴장 완화

코리아 디스카운트라는 것이 있죠. 대한민국은 남북 간에 휴전선을 맞대고 군사적인 대치 관계에 있는 긴장 상태라서 유망한 투자대상이라도 제값을 받지 못한다는 것을 의미합니다.

항상 주식시장도 박스권을 거의 벗어나지 못하고 있으며, 삼성전자 같은 글로벌 기업들의 가치도 한반도의 대치관계나 긴장상태로 인해 평가절하될 수밖에 없다고 합니다. 하지만 이러한 코리아 디스카운트 상황은 최근 진행된 남북정상회의와 북미정상회담 등으로 북핵 문제가 원만하게 해결된다면 조만간 제거될 것 같은 기운이 감돌고 있습니다. 물론 아직은 넘어야 할 산이 많은 상황이라서 앞으로 어떻게 진행될지 현재로서는 오리무중이지만 그래도 충분히 가능성 있는 한줄기 빛을 비치고 있습니다.

정치적 흐름을 보았을 때 현 정부는 이전 김대중 정부와 노무현 정부의 우호적인 대북정책 기조를 그대로 계승해 나갈 확률이 높다는 점에서 대북정책에 있어서 우호적인 대화국면을 유지할 확률이 높다고 예상됩니다. 따라서 이러한 한반도의 긴장 원인인 북핵 문제가 원만히 해결되면서 남북 간 화해를 넘어 종전이 되고 남북 간 상호협력의 분위기가 순조롭게 조성된다면 우리에겐 더 없는 기회가 될 것입니다.

특히 부동산 투자에 있어서 그동안 저평가 받았던 경기도 북부나 강원도 북부 지역의 부동산 투자나 거래가 활성화될 것이며, 북한의 개방과 개발로 인해 새로운 시장을 개척할 수 있는 기회가 서서히 다가올 것으로 전망되는 등 한반도 긴장 완화는 부동산 투자에 있어서 앞으로 큰 빛이 될 것이라고 확신합니다.

## 02. 제4차 국토종합개발계획 추진

제4차 국토종합개발계획이라는 것은 2000년도에 김대중 정부에서 수립되었으며, 2005년 노무현 정부에서 1차 수정안을 거치고, 2011년에 국무회의에서 의결된 국가 국토개발 계획입니다.

주요 내용은 2011년부터 2020년까지 전국을 90분대인 일일생활권으로 묶어서 지역 경제 불균형을 해소하고 인구분산을 통해서 지역경제 활성화와 주변지역의 고용창출 효과를 극대화함으로써 전

국토를 균등하게 발전시킨다는 것입니다. 이미 이 계획은 예정대로 순조롭게 실행되고 있으며, 약 2025년 정도면 거의 마무리가 될 것으로 예상됩니다.

📍 제3차 국가철도망 노선도 중 일부

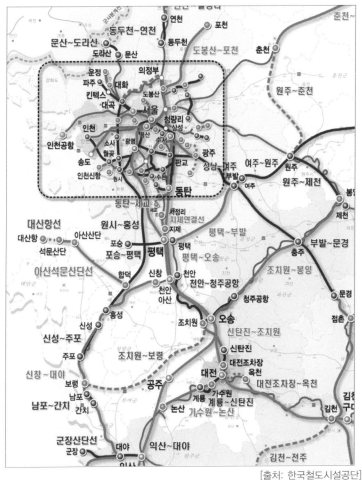

[출처: 한국철도시설공단]

이러한 국토개발계획의 영향으로 전국 주요 역 주변의 역세권 개발이 활성화될 것이며, 그동안 수도권 중심이었던 개발 붐이 전국 주요 역세권으로 확대되어서 역 주변으로 주거시설과 상업시설 그리고 업무시설 등이 들어서게 될 것으로 보여 이러한 국토개발계획은 부동산 투자의 새로운 기회가 될 것으로 예상됩니다.

## 03. 교통망 개선

제2차, 3차 국가 철도망 구축계획과 평창 동계올림픽 개최 등으로 수도권과 강원도 그리고 전국 주요지역의 교통망이 개선되어 전국 주요지역으로 예전보다 훨씬 빠르게 이동할 수 있게 되었습니다.

특히 내국인 관광객이 가장 많이 찾는 강원도의 경우는 올림픽 개최 전에 개통된 고속철과 고속도로 등의 교통망 개선 효과가 매우 큰 것으로 나타나고 있습니다

2017년 속초시의 내국인 관광객이 대폭 증가한 것은 서울-양양 고속도로와 동해고속도로 개통 등 교통 인프라의 획기적 개선 등이 주요 원인이라고 속초시는 진단하고 있습니다.

따라서 이렇게 전국적으로 고속도로와 철도가 신규 개통하게 되면 교통이 편리 하게 되어 사람들은 해당지역의 관광지와 역세권으로 몰릴 수밖에 없으며, 사람이 몰리면 숙박시설 등의 주거시설과

상업시설 등이 기본적으로 필요하게 될 것이기 때문에 부동산 투자에 있어서 큰 기회가 될 수 있습니다.

📍 속초 내국인 관광객 현황

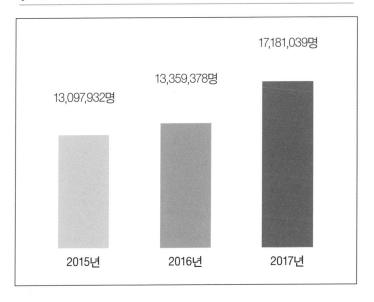

[출처: 속초시청]

## 04. 임대사업 활성화

최근에는 1~2인 소형가구의 임대사업이 활성화되고 있는 추세입니다. 불과 20년 전만 하더라도 거의가 전세 위주였다면 이제는 월세나 반전세 등으로 시장이 이동하고 있다고 할 정도로 주택이나 소형 부동산의 임대사업이 활성화되어 가고 있습니다.

또한 집은 투자나 소유의 개념에서 점차 사용의 개념으로 변화되고 있으며, 이러한 변화의 원인은 우리나라 인구구조와 가족구조의 변화가 아닐까 생각됩니다.

### 가족구조의 변화

우리나라 가족구조의 변천을 살펴보면 '대가족(3대에 걸친 가족) → 핵가족(3~4인) → 소가족(1~2인)'의 형태로 변화되고 있으며, 이미 2015년 서울시 1~2인 가구 비율은 52%를 돌파했습니다. 이런 상태가 지속된다면 2026년에는 60%를 넘어설 것으로 전문가들은 예상하고 있습니다.

특히 요즘은 결혼을 하지 않는 젊은 층이 늘어가고, 평균결혼연령도 꽤 높아졌습니다. 또한 자녀를 잘 낳으려 하지 않으며, 낳더라도 1명 정도가 거의 대부분입니다. 거기에 이혼율은 상대적으로 높아서 결혼 3쌍 중 1쌍은 이혼을 할 정도입니다. 이러한 사회적인 영향으로 1~2인의 소형가구가 3~4인 가구보다 더 많아질 정도로 점차 늘어나고 있습니다.

이렇듯 혼자 살거나 또는 둘이 사는 가구가 늘어나다 보니 방 2~3개의 아파트 수요가 늘어나는 것보다 원룸이나 1.5룸 정도의 오피스텔이나 레지던스 같은 소형 부동산의 수요가 증가세를 이어갈 것으로 예상되기 때문에 이러한 가족구조의 변화는 분명히 소형 부동산 투자의 빛과 같은 기회요인이라 할 수 있습니다.

일본의 경우도 우리보다 먼저 이러한 인구구조의 변화 현상을 겪었다고 하죠. 잃어버린 20년 동안 아파트는 반 토막 난 곳이 많았다고 하는데 정작 역세권이면서 산업단지가 몰려 있는 곳의 오피스텔 등의 소형 주택 수익률은 오히려 더 높아졌다고 합니다. 일본의 전철을 그대로 밟아 가고 있는 우리로서는 레지던스 같은 소형 부동산 투자(역세권, 산업단지, 관광지 주변)는 오히려 기회요인이 아닐까 생각합니다.

## 주택가격 하락

"주택가격의 하락이 무슨 오피스텔 등의 소형 부동산 투자의 기회요인인가?" 하며 의아해할 수 있지만 곰곰이 잘 파악해야 할 사항입니다.

인구감소와 1~2인 가구 증가 등으로 주택가격이 하락하면 오피스텔 같이 임대수익을 올릴 수 있는 소형 수익형 부동산의 임대수익률은 반대로 증가할 수 있습니다. 즉 주택가격 하락의 영향으로 수요자들이 주택구입이나 전세를 꺼리고 원룸 등의 소형 부동산의 월세 등을 선호하게 되어 레지던스 같은 소형 부동산의 임대수요가 대폭 증가하며, 또한 임대사업자들도 주택가격이 하락하면 전세를 월세로 전환하여 집값 하락 분을 월세로 만회하려 하기 때문에 그렇습니다.

실제로 일본도 잃어버린 20년 동안 주택가격의 붕괴로 부동산 경기는 하락하는 추세였지만 소형 부동산의 월세 임대수요는 증가하고, 저금리 기조로 인해서 월세 수익률은 오히려 더 높아졌다고 합니다. 현재에도 임대시장을 중심으로 부동산 시장이 활성화되어 있다고 합니다.

따라서 뚱딴지 같은 소리로 들릴 수도 있겠지만 장기적인 주택가격 하락은 오피스텔이나 레지던스 등의 임대 목적의 유망한 소형 부동산에게는 빛과 같은 투자의 기회요인이 될 수 있습니다.

## 05. 유망한 관광산업의 미래

우리나라의 경우 5천 년 역사의 독특하고 특화된 문화유산이 많은 나라지만 아직은 고궁을 비롯한 일부 지역을 제외한 폭넓고 풍부한 문화유산을 세계적 수준의 적절한 관광상품으로 개발해내지 못하고 있습니다.

따라서 앞으로 우리의 먹거리, 놀 거리, 볼 거리 등의 풍부한 자원이나 고유한 문화유산을 관광자원으로 개발하여 관광 부국으로 개발시킬 수 있는 발전성이 매우 높기 때문에 관광산업의 활성화와 육성에 반드시 필요한 주요 관광지에 대한 관광 인프라 투자는 매우 중요한 기회요인이 된다고 전망합니다.

## 산업구조의 변화

국가적으로 우리나라를 먹여 살리는 산업은 반도체, 자동차, 철강, 화학 등의 제조업이었습니다. 그동안 산업화를 거치면서 낮은 인건비와 노동집약적인 산업구조로 이러한 제조업이 세계 시장을 선도하면서 우리나라의 최고 경쟁산업으로 자리매김해 왔습니다. 하지만 최근 높은 인건비와 근무시간 단축, 강성노조, 그리고 인구 감소에 의한 인구구조 변화 등으로 언제까지 이러한 경쟁력을 유지할지 의문이라는 전문가들의 지적이 많은 상황입니다.

결국 예상해보면 그동안의 낮은 인건비 등을 활용한 일반 제조업 같은 노동집약적 산업은 저렴한 비용의 노동자를 대거 수입하는 등의 특단의 대책이 없다면 무섭게 따라오는 동남아와 중국 등의 신흥국에 뒤처질 수밖에 없습니다. 따라서 노동집약적 산업은 서서히 줄어들거나 약해지고 바이오나 미래가치가 높은 신생 고부가가치 산업으로 이동할 수밖에 없다고 생각합니다.

또한 이러한 사회적인 구조와 인구구조의 변화로 자연스럽게 그런 환경에 맞는 문화가 개발될 것이고, 교통 환경이 발달되고 관광산업이 선진화되면서 앞으로 관광산업은 우리나라의 차세대 주력산업이 될 정도로 크게 발전할 수 있을 것으로 전망됩니다.

## 낙후된 관광 인프라

아직도 우리나라는 외국 관광객을 맞이할 고급 숙박시설이나 즐길 거리, 볼 거리 등의 관광 인프라가 낙후되어 있거나 매우 부족한 상황입니다.

유럽의 선진국 중에서 관광산업이 낙후된 나라는 없다고 하는데 우리의 관광 인프라는 아직 선진국에 못 미치는 매우 취약하고 낙후된 것이 현실입니다. 관광지로 편리하게 접근할 수 있는 교통 인프라, 고궁이나 국가 문화재 외에 일반 문화가 복합된 볼 거리·놀 거리의 문화 인프라, 고급 숙박시설과 공원·쇼핑 등의 시설 인프라 등 전반적인 관광 인프라의 선진화는 아직 갈 길이 먼 것이 사실입니다.

따라서 우리의 낙후된 관광 인프라를 선진화하기 위해서는 많은 투자와 개발이 필요한 상황이라는 점에서 유망한 지역의 관광산업은 관광 코리아의 비전을 실행시킬 수 있는 기회의 블루오션이 아닐까 분석됩니다.


## 북한과 연계된 관광벨트

앞으로 북한의 개방으로 북한 금강산 등의 관광이 재개되고 동해북부선 철도가 개통된다면 설악산이 있는 속초 등은 북한 관광시설과 연계된 관광상품으로 개발될 확률이 매우 높습니다. 이렇게 된다면 내국인은 물론 외국인 관광객도 크루즈나 비행기 또는 육상을 통해서 속초 등의 동해안으로 몰려들 것은 뻔한 일입니다. 따라서 북한의 개방은 관광 코리아의 비전을 한층 더 업그레이드시키는 계기가 될 수 있다고 전망합니다.

우리의 관광산업이 발전하려면 그에 따른 호텔, 요식업, 서비스업 등의 관광 인프라 구축은 필수사항이기 때문에 부동산 투자의 빛과 같은 기회요인이 될 것입니다.

이렇듯 우리의 관광산업은 크게 발전할 가능성이 높으며, 관광산업은 우리나라의 대표적인 산업의 하나가 될 확률이 매우 높다고 전망합니다.


## 06. 장기적인 저금리 기조

2000년대 이전만 하더라도 시중 예금금리는 연 5~6% 이상의 고금리라서 은행에 목돈을 묻어둘 경우 그 수익이 꽤 짭짤한 시기였죠. 그러나 지금은 이런 금리 수준을 기대하는 것은 말도 안 되는 상황입니다. 최근 들어서는 대출금리가 연 2%대까지 계속 내려갔고, 현재는 미국의 금리인상 여파로 국내 경기상황하고는 반대로 어쩔 수없이 연 3~4%대까지 대출금리가 높아진 상황입니다.

당장은 금리가 상승기라고 하더라도 장기적으로 금리가 그 나라의 경제성장률과 거의 비례한다고 볼 때 우리나라의 경제성장률은 연 2% 이하로 점차 선진국화 될 것으로 추측되어 금리는 더 떨어질 가능성이 매우 높습니다. 미국이나 일본, 유럽 등의 선진국처럼 금리 하락기에는 마이너스 금리까지도 내려갈 수 있기 때문에 장기적으로 저금리가 더욱 가속화할 수밖에 없는 구조입니다.

미국의 경우도 그동안 경기를 살리려고 천문학적으로 푼 달러의 부작용과 인플레이션을 제거하기 위해 현재는 금리를 올릴 수밖에 없으나, 조만간 경제가 불안하거나 위축된다면 다시 금리를 내려서 경기를 부양하려 할 것입니다.

우리나라의 경우도 장기적으로 저금리는 지속될 것이며, 앞으로 제로 금리나 마이너스 금리 시대가 도래할 수 있다고 많은 전문가들은 예측하고 있습니다. 따라서 이러한 장기적인 저금리 기조는 레버리지 효과를 극대화할 수 있다는 점에서 부동산 투자의 빛과 같은 요소입니다.


## 07. 고령사회 및 초고령사회

통계청 등에 따르면 우리나라의 고령화율은 2011년 11.2%에서 2015년 13.1%가 됐다고 합니다.

유엔은 65세 이상 인구 비율이 7% 이상이면 고령화 사회(Aging), 14% 이상이면 고령사회(Aged), 20% 이상은 초고령사회(Super aged)로 구분하고 있는데, 우리나라는 2018년 초에 고령화 비율이 14%를 넘어서는 고령사회로 접어들었습니다. 또한 앞으로 7년 뒤에는 65세 이상의 인구가 전체 인구의 20%가 넘어가는 초고령사회에 진입할 예정이라고 하는데, 길에 나가면 5명 중 1명은 65세 이상의 고령자인 시대가 열리게 되는 것입니다.

우리 사회가 평균수명의 증가로 세계에서 유래를 찾아볼 수 없을 정도로 빠른 속도로 고령화가 진행되었고 이런 영향으로 노인들의 은퇴 이후의 기간은 예전의 10~20년에서 이제는 30~40년 이상으로 길어질 수밖에 없는 실정입니다. 이에 노인들의 주거형태도 변화가 예상됩니다.

예전 같으면 자식이 부모를 부양하는 것이 기본이었지만 지금은 상상하기 어려운 현실입니다. 자식들도 자신들 앞가림하기 어려운 경제적 상황에서 수십 년간 부모를 부양하기란 보통사람으로서는 매우 어려운 일이 되어 버렸죠.

따라서 노인들도 혼자 또는 둘이서 은퇴기간 동안 생활할 수밖에 없다는 점에서 소형주택 수요가 대폭 늘 수밖에 없을 것입니다.

결국 이러한 고령사회의 영향으로 1~2인 거주가 가능한 소형 부동산의 투자가치가 높게 평가되는 것이며, 관련 부동산 투자자에게는 빛과 같은 요소가 될 수 있습니다.

## 08. 1~2인 가구의 증가

최근 몇 년 전부터 혼자 밥을 먹는다는 뜻의 '혼밥'이라는 신조어가 유행어가 되고 있습니다. 이에 발맞춰 국내 최고의 유명한 상권인 서울 강남 등에는 혼밥을 즐길 수 있는 전문음식점이 등장하는 등 혼자 사는 사람들을 대상으로 하는 서비스가 속속 등장하고 있습니다.

**◉ 미래 가구 예측**

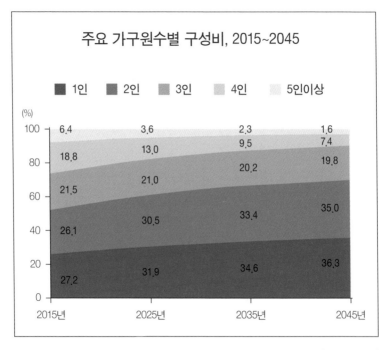

주요 가구원수별 구성비, 2015~2045

[출처: 통계청]

예전에는 거의 상상을 못한 일이었는데, 그만큼 우리 사회에 1~2인의 소가구가 많다는 것을 의미하기도 합니다.

이렇게 1~2인 가구가 증가하게 된 것은 아마도 전셋값 폭등과 장기적인 경기 침체의 영향으로 혼자 사는 사람들이 늘어나고, 결혼을 하더라도 먹고 살기 어려워 아이를 잘 낳지 않는 사회적인 풍조의 영향이 아닐까 합니다.

통계청 자료에 의하면 2015년 현재에도 1~2인 가구가 약 53% 정도로서 이미 3~4인 가구 수보다 많으며, 1~2인 가구 수는 시간이 갈수록 더 늘어나서 2045년에는 전체의 약 70% 정도가 1~2인 가구가 될 것이라고 예상하고 있습니다.

인구는 줄어들면서 이렇게 1~2인 가구가 증가하는 것은 사실 부동산 투자의 암울한 요소가 될 수 있지만, 1~2인 가구가 거주하기에 적합한 레지던스나 오피스텔 등의 소형 부동산에는 수요의 증가로 인해 반대로 기회요인이 될 수 있습니다.


## 09. 미군부대 평택 이전

평택 팽성읍에는 K-6 캠프 험프리스 미군기지가 여의도의 5.4배나 되는 면적으로 세계 최대 규모로 건설 및 개발되었고, 앞으로 2020년까지 UN 및 한미연합사, 용산 8군사령부, 동두천/의정부 2사단 등 12개 부대가 이전을 완료할 계획이며, 주한미군지위협정 (SOFA)에 따라 2060년까지 미군이 주둔하게 됩니다. 주둔 인원은 미군만 약 4만 명에 이를 예정이며, 가족, 군무원, 관계자 가족까지

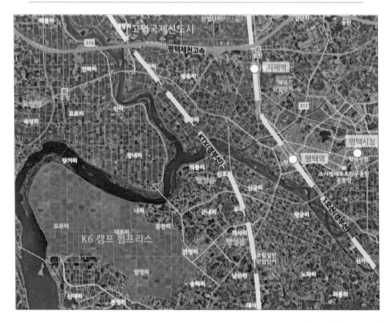

[참조: 온나라지도]

포함하면 약 10만 명이 평택으로 몰려올 것으로 예상됩니다.

 이렇게 평택 팽성읍 미군기지에 유입되는 인구가 많게 되면 그와 관련된 주변지역으로는 관련 업체나 협력사 등이 대거 몰려들 것이며, 미군들의 쇼핑이나 영외 거주 또는 여가시간을 즐길 상업시설 등도 부대 주요 게이트 주변으로 속속 들어서야 하는 등 예전 이태원의 전성기 이상으로 평택의 건설 경기는 호황을 맞이할 수 있습니다.

실제로 미군기지의 이전이 완료된다면 이와 관련된 미군을 위한 2만 세대와 미군 외의 관련자들을 위한 2만8천 세대의 주택이 필요하며, 이에 대한 대비책을 마련해야 한다고 평택시의회 주한미군 평택이전대책 특별위원회 위원장이 주장도 했습니다. 따라서 K-6 험프리스 주변의 개발효과로 평택의 전반적인 건설경기가 살아날 수 있다고 예상되며, 미군부대 평택 이전은 부동산 투자의 좋은 기회가 될 수 있다고 분석됩니다.


## 10. 한류 열풍

요즘은 중국 외에도 동남아 국가나 중동, 남미, 러시아, 유럽, 미국 등 전 세계에 한류 열풍이 불고 있습니다. 처음에는 드라마나 K-POP, 영화 등으로 시작해서 지금은 화장품 등의 생필품과 먹거리 등으로 옮겨가고 있으며, 여기에 한국에 대한 신비로움까지 더하면서 한류의 열풍은 전 세계에 화제가 되고 있습니다.

한류라는 것은 독특하고 개성적인 대한민국의 문화라는 점에서 그 문화의 영향력은 매우 크다고 할 수 있으며 쉽게 사라질 것 같지 않습니다. 이러한 영향으로 한국을 찾는 관광객도 늘고 있으며 일부 외국인 관광객 관광코스에는 한류 스타들의 기념품 매장도 필수코스로 들어가는 등 한류열풍의 영향이 국내 관광지에도 불고 있다고 합니다.

한류열풍은 부동산 업계에도 큰 영향을 미칠 수 있습니다. 이들 한류 관광객이 늘어난다면 주요 관광지의 숙박시설 등의 투자가 활성화되며, 이들을 위한 쇼핑 및 서비스를 위한 시설 등도 필요하다는 점에서 매우 긍정적일 수 있습니다. 따라서 한류열풍 역시 우리 부동산 업계나 관광산업에 빛과 같은 요소라고 분석됩니다.

# 2 PART

# 부동산 투자의 그림자

## 01. 부동산 대출규제 및 세금인상

부동산 투자를 할 때에 자신의 자금으로 100% 모두 투자하는 경우는 일부 자산가 외에는 거의 없죠. 대부분 시중은행 등의 자금을 대출받아서 투자를 하며, 특히 저금리 상황에서는 이를 통해서 투자의 지렛대 효과를 최대한 노리기도 합니다.

몇년 전부터는 상황이 급변하게 되면서 저금리로 대출을 받아 계약금만 가지고도 아파트 투자나 투기가 가능해져 급기야는 소위 갭투자라는 것도 유행하게 됩니다.

결국 이렇게 대출을 쉽게 받다 보니 가계부채가 눈덩이처럼 불어나고 가계폭탄이 언제 터질지 모른다는 경고까지 나오게 되었죠.

정부에서는 급기야 문제를 인식하고 가계부채를 줄인다는 명목으로 시중은행을 통제하며 엄한 부동산 대출을 옥죄기 시작하게 되었던 것입니다.

 최근에는 가계부채가 늘어나는 것을 잡기 위해서 부동산 대출규제가 더욱 심화되고 있습니다. 또한 강남의 집값을 안정시키기 위해서 각종 투기억제책과 대출규제책은 그 강도가 더욱 세지고 있습니다.

 이렇게 부동산 투자를 억제만 하다 보니 일부의 가격은 안정시키는 장점도 있지만 한쪽을 억누르면 다른 쪽으로 삐쳐 나오는 풍선효과로 여러 가지 부작용이 일어나고 있으며, 실물경기에서 부동산 경기가 심각한 침체기를 맞는 것 같습니다.

 여기에 대출금리까지 상승하다 보니 현재 부동산 투자시장은 대출규제, 금리상승, 투자위축의 삼중고로 거의 그로기 상태라 해도 과언이 아닙니다.

 엎친 데 덮친 격으로 2018년 지방선거가 끝난 후 본격적으로 종합부동산세 등의 부동산 보유세 인상을 준비하면서 부동산 경기 위축은 더욱 더 골이 깊어질 것이라 예상됩니다. 그 여파로 월세 등의 임대료가 상승하고 거래 절벽에 직면할 것이라고 전문가들은 예언하고 있습니다.

 따라서 이러한 규제책과 억제책은 우리 부동산 투자의 암울한 그림자라고 하지 않을 수 없습니다.

## 02. 경기침체 및 내수부진

아침에 신문보기가 겁날 정도로 우리나라 경기가 심상치 않습니다. 너무 부정적으로 생각해서도 안 되겠지만 경제지표를 가늠할 수 있는 대표적인 설비투자지수가 최근 몇 개월째 연속 내리막길입니다. 기업들이 향후 경기를 바라보는 심리지수인 BSI(기업경기 실사지수)도 최근 최저를 기록하는 등 실물지표와 심리지표가 모두 동시에 추락하는 매우 좋지 않은 상황에 처한 것 같습니다.

이뿐만 아니라 수출도 둔화되고 있으며, 자영업자는 최저임금 급상승 등으로 역대 최저의 수익률과 최고의 폐업률을 기록했다는 등의 신문이나 방송을 보면 온갖 경제현황이나 미래 경기를 어둡게 보는 기사가 대부분이라서 정말 두렵기만 한 상황입니다.

내수부진은 경기침체 하고도 맞물리는 것으로서 전체적으로 벌이가 시원치 않고 소득이 줄어든 상황에서 가계에서도 긴축정책을 쓸 수밖에 없는 결과를 보여줍니다. 결국 국민들 입장에서 소비를 줄이려고 하기 때문에 내수부진의 악순환이 계속 심화되는 것입니다.

이런 경기침체 및 내수부진은 결국 투자의 걸림돌이 되어 투자가 잘 이뤄지지 않기 때문에 고용률이 더 저하되고, 실업률이 올라갑니다. 그러면 다시 내수는 더욱 부진해지는 악의 구렁텅이에 빠지게 되니 이러한 것은 부동산 업계의 최대 그림자 요소가 아닐까 생각합니다.

## 03. 공급과잉 논란

서울 및 수도권 등 전국의 오피스텔 임대수익률이 계속 내리막길에 있다는 보고서와 뉴스를 종종 보게 됩니다. 관련자료에 의하면 서울의 오피스텔 임대수익률은 약 연 4% 후반이며, 전국적으로도 연 5% 초반 정도로서 계속 내림세에 있다고 합니다. 여기에 대출금리가 상승하기 때문에 당분간 임대수익률의 내림세는 지속될 가능성이 큰 상황입니다.

이렇게 오피스텔 임대수익률이 내림새인 데에는 대출금리의 영향도 크겠지만 또 다른 요인은 공급과잉이 아닐까 생각됩니다.

1~2인 가구의 증가로 최근 몇 년 동안 소형 부동산의 수요가 증가하기 때문에 이런 오피스텔 같은 소형 부동산의 분양이 쏟아져 나오고 있으며, 결국 일부 지역별로 공급과잉의 원인으로 지목되고 있는 것이죠. 1~2인 가구가 증가하는 것은 맞지만 전체적으로는 경제활동 인구(생산인구, 15~64세)가 감소하고 있기 때문에 지역별로 수요가 공급을 못 따라갈 수도 있다는 것입니다.

### 아파트는 어떨까요?

2017년부터 2019년까지 전국의 신규 입주 아파트는 약 100만 호에 이를 정도라고 하며, 이는 현재 우리나라 전체 아파트 물량 중에서 상당히 많은 수에 해당하는 어마어마한 규모로서 공급과잉이 염려되는 수준입니다.

2018년 올해는 전국적으로 약 44만 가구의 아파트 입주 물량이 예정되어 있으며, 이는 20년 동안 최고로 높은 입주 물량이라서 지방에서는 입주 쓰나미가 몰려올 것이라고 전문가들은 주장합니다.

이미 수도권 일부 신도시에는 입주 아파트 10세대 중 4세대가 세입자를 못 구해서 역전세난이 심화되고 있는 상황이라고 합니다.

이렇듯 아파트 분야도 심각한 공급과잉이 아닐까 우려스러운 상황이며, 결국 이러한 공급과잉 논란은 부동산 투자의 어두운 그림자 요소입니다.

## 04. 대출금리 상승

부동산 투자는 남의 자본을 끌어와서 그 이상의 효과를 보는 레버리지 효과가 필요하며, 일부 자금의 경우 대출에 의존하는 경우가 많습니다. 하지만 금리가 상승한다면 이러한 레버리지 효과가 낮아지거나 효과를 볼 수 없기 때문에 부동산 투자는 위축될 수밖에 없는 것이죠.

미국 연준이 2017년부터 기준금리 인상, 2018년에 2~3차례 다시 기준금리 인상을 예고하는 등 글로벌 기축통화국이자 세계 경제의 리더인 미국이 금리를 올리는 추세여서 우리나라도 외국자본의 유출을 막기 위해 최악의 경제 상황임에도 울며 겨자먹기로 점차 금리를 올려야 할 처지입니다.

따라서 2018년까지 미국의 계획대로라면 우리나라의 금리도 계속 오를 것이며, 대출금리가 오른다면 대출을 낀 부동산 투자자의 수익률은 상대적으로 낮아집니다. 물론 오르는 것도 한계가 있고 장기적으로 볼 때엔 1~2년 후에는 다시 금리를 내려야 할 상황이 올 가능성이 크지만 현재의 대출금리 상승 기조는 단기적으로 수익형 부동산 투자의 위협 요소가 될 수 있습니다.


## 05. 주변국과의 정치적 마찰

한 2년 전 국내는 물론 미국 본토까지 위협하는 북한의 미사일 공격에 대비하기 위해서 지상 40km 이상의 상공에서 요격할 수 있는 고고도 미사일 방어체계인 사드(THAAD) 기기를 국내 미군기지에 설치할 계획이었으나, 지역주민과 중국의 반대로 아직도 사드 기기 설치가 완료되지 못한 상황입니다.

또한 중국은 이를 강행한 우리에게 한국 여행 금지 등의 제한을 하고, 눈에 보이지 않게 중국 내 한국기업에 대한 규제나 제재 등을 함으로써 우리나라에 사드 설치를 철회할 것을 강력하게 요청한 적이 있습니다.

현재는 이러한 중국의 한한령 또는 금한령 등의 사드 보복조치가 꽤 풀렸다고는 하지만 약 2년간 유커의 관광이 금지되면서 제주도 등의 호텔 숙박시설과 관광산업에 큰 타격을 입게 된 것이 사실입니다.

따라서 이러한 주변국과의 군사적 정치적 마찰 요소는 관광과 연계된 호텔 등의 숙박시설 투자와 활성화에 큰 제약이 될 수 있기 때문에 부동산 투자의 어두운 그림자 요소가 될 수 있습니다.


## 06. 교통망 개선

철도나 고속도로 등의 교통망이 개선되면 유입 인구가 늘어나고 역세권 주변으로 개발이 활성화된다는 점에서 부동산 투자의 기회 요인이 될 수 있지만 반대로 위협요소가 될 수도 있습니다.

예를 들어서 수도권과 가까운 강원도의 경우 몇 년 전만 하더라도 고속도로가 많지 않을 때, 또는 대중교통의 접근성이 매우 떨어질 때 이곳으로 한 번 여행을 가면 거의 자고 와야 하는 상황이었습니다. 그러나 지금은 교통환경이 좋다 보니 유입객은 늘어나는 추세지만 당일 또는 반일 여행이 증가해 숙박시설의 이용성은 더 크게 늘어나지 않을 수도 있다는 것입니다.

따라서 교통망 개선은 관광객 유입의 증가라는 장점도 있지만 호텔 등의 숙박시설 사용자는 많이 증가하지 않을 수도 있는, 부동산 투자의 이면(裏面)이 존재하기도 합니다.

## 07. 인구 감소

부동산 투자의 가장 심각한 그림자 요소 중에 하나가 인구감소가 아닐까 생각합니다. 인구는 부동산의 직접적인 수요자로서 이러한 수요자가 많고 증가해야 부동산이 더 필요한 것이고 수요자가 많아야 부동산 투자가 더 활성화된다는 것은 기본적인 사항입니다. 하지만 이러한 인구(수요자)가 계속 줄어든다면 부동산 수요가 줄고 신규로 투자하는 계획도 많이 줄어들게 되며, 결국 부동산 투자는 위축될 수밖에 없는 것이죠.

우리나라 인구는 이미 정점을 찍고 계속 감소하는 내리막길에 있으며, 2040년경에는 경제활동인구가 급격히 줄어드는 인구절벽이 올 수 있다고 경제학자들은 경고하고 있습니다.

이 와중에 요즘 젊은 층은 경제난이나 주택 마련에 대한 부담 등을 이유로 결혼하기를 기피하고, 결혼을 하더라도 자녀 없이 생활하는 경우가 많아 출산율이 세계에서 유래를 찾기 어려울 정도로 매우 낮아지고 있습니다.

따라서 당장은 아니지만 장기적으로 1~2인 주거시설인 오피스텔이나 소형 주택도 인구감소에 의한 수요감소 등의 위협 요소에 노출되어 있다고 할 수 있으며, 상가나 호텔 등의 수익형 부동산도 그 수요자가 줄어든다는 점에서 인구감소는 전체적인 부동산 투자의 어두운 그림자 요소라 할 수 있습니다.

## 08. 고령사회

2018년 우리나라의 65세 이상 인구 비율이 14%를 넘어서는 고령사회에 이미 진입했다고 하는데, 이런 고령사회 또는 초고령사회는 부동산 투자의 밝은 빛이 될 수도 있고 어두운 그림자가 될 수도 있다고 생각합니다.

최근 통계청이 발표한 '2017 인구주택총조사'에 의하면 우리나라 65세 이상 고령의 인구는 전체 인구 대비 14%를 이미 넘어서 고령사회에 진입했다고 합니다. 우리나라는 2000년 고령사회에 진입한 이후 고령사회가 되기까지 약 17년 정도가 걸렸다고 하며, 이는 일본의 경우 약 24년이 소요됐다는 점과 비교했을 때 우리나라의 고령화율은 세계에서 유래를 찾기 어려운 것으로서 매우 급격하게 진행되고 있다는 것을 보여줍니다.

그리고 더 큰 문제는 약 7년 뒤에는 고령사회를 넘어서 초고령사회(전체 인구 중에서 65세 인구가 차지하는 비율이 20% 이상)에 진입하게 된다는 점입니다.

즉 이러한 고령사회의 진입과 초고령사회로 가는 환경에서 어르신을 대상으로 한 실버 산업이 새롭게 대두되면서 관련 부동산은 새로운 전기를 맞이하겠죠. 하지만 65세 이상의 어르신들은 소비활동이 크게 위축되는 세대라서 실버타운이 모여 있는 곳은 젊은 층이 모이는 곳보다 일반 서비스나 상업시설의 매출이 크게 떨어진다고 하니 전체적으로 부동산 투자는 위축될 수밖에 없습니다. 그런 점에서 고령사회와 초고령사회의 진입을 앞둔 상황은 전반적으로 부동산 투자의 어두운 그림자라고 할 수 있습니다.


## 09. 수익률 저하

현재 수도권의 역세권 상가나 오피스텔의 수익률은 계속 내려가고 있는 추세로서 상가의 수익률은 약 연 3~4%대, 오피스텔은 약 연 5%대의 수익률을 기대할 수 있습니다.

이렇게 계속 수익형 부동산의 수익률이 곤두박질 치고 있는 이유는, 공급과잉이나 대출금리의 상승도 큰 원인이지만 인구는 정체되거나 계속 줄어드는데 신도시와 역세권이 대폭 증가하는 상황에서 분양가가 내려가는 것이 아니라 우상향으로 계속 상승하기 때문입니다.

땅값이 계속 상승하기 때문에 토지를 매입한 개발업자 입장에서는 분양가를 올려서 수지타산을 맞추려고 할 것이고, 올린 분양가로 분양 받은 투자자들은 임대료를 올려서 수익률을 맞추려고 할 것이며, 임대 들어온 임차자들은 비슷하거나 줄어든 수요자를 대상으로 장사를 하려고 하니 수지가 맞지 않아서 임대를 포기하게 됩니다. 그 결과 공실이 발생하니 투자자는 임대료를 낮추고, 임대료를 낮추게 되면 다시 수익률이 떨어지는 악순환이 발생하는 것입니다.

수익형 부동산 투자하지 마라! 이걸 알 때까지!

앞으로 이러한 수익률 저하의 골은 외국인을 대거 수입하거나 출산율이 획기적으로 올라가지 않는 한 더 깊어질 것이라는 점이 문제입니다. 이러한 수익률 저하는 부동산 투자의 어두운 그림자 중에서 최대의 원인이 될 것으로 예상됩니다.


## 10. 미군 철수 / 미군 감축

이전 용산 미군기지를 비롯한 동두천 등의 미군기지는 평택 K-6 험프리스로 이전이 시작됐으며, 앞으로 2020년까지 약 4만 명에 달하는 미군이나 군무원 등이 평택 K-6 기지로 이전할 계획이라고 평택시는 전하고 있습니다.

그래서 지금 평택 K-6 험프리스 안정리 게이트 등의 주요 출입구 쪽에는 미군기지 이전에 대한 상업시설이나 주거시설 등의 개발이 왕성하게 진행되고 있으며, 미군 영외 거주자들을 대상으로 하는 주거시설 분양도 매우 활발하게 진행되고 있는 상황입니다.

미군 몇만 명이 모두 입주하게 된다면 그에 따른 군무원이나 가족, 그리고 협력사까지 더해지면서 그로 인한 엄청난 경제적 성장 효과와 더불어 고용창출 효과도 미군의 몇 배수가 될 예정이며 이는 평택지역의 경제 활성화에 획기적인 모멘텀이 될 수 있는 호재라고 할 수 있습니다.

하지만 최근 변수가 생기게 되면서 쉽지 않은 국면으로 전환될 가능성이 대두되고 있습니다.

미국 대통령 트럼프는 대선기간부터 줄곧 미군 철수나 미군 감축 등을 거리낌없이 발언하면서 임기 내에 비용 등을 문제 삼아 철수시킬 수도 있다고 암묵적으로 우리 정부를 압박하는 모습을 보이고 있기 때문입니다. 그런 와중에 올해 남북정상회담과 북미정상회담을 거치면서 지금은 북핵 제거와 종전선언을 추진하는 협상과정에 있습니다.

공식적인 미국정부의 발표로는 미군 철수나 감축은 북미대화의 의제가 아니라고 주장하지만 북핵을 제거하기 위해서는 중국, 러시아 등의 주변 강대국의 영향력을 무시할 수 없다는 점에서 미군 철수나 미군 감축은 또 다른 이슈화가 될 것으로 예상됩니다. 혹시 이런 의제가 오르내린다면 현재 진행 중인 평택 K-6 주변에는 부동산 투자나 개발에 찬 서리가 내릴 것이란 예감이 듭니다.

당장 한미주둔군지위협정(SOFA)에 의해서 2060년까지 미국이 주둔하게 되어 있다고 하지만 미군 철수나 감축에 대한 얘기가 언론에 흘러나오게 되면 당장은 아니라도 관련지역의 주거시설이나 상업시설 등의 미군 관련 산업에 미치는 파장은 핵폭탄에 버금갈 수 있기 때문에 이는 부동산 투자의 어두운 그림자 요소라고 생각합니다.

# 3
## PART

# 부동산 투자환경 분석

### 01. 아파트 투자는 언제나 불패?

부동산에 투자하고 싶어도 어느 부동산에 어떻게 투자해야 할지 모르는 분들이 대부분입니다.

보통 부동산에 투자를 한다면 아파트 등의 주택이나 상가, 오피스텔, 레지던스 같은 수익형 부동산, 그리고 땅 등이 대표적인 투자물건의 부동산이라 할 수 있으며, 3~4천만 원 정도의 소액으로는 투자가 사실상 어렵고 최소 1~2억 원 이상의 투자 자금이 필요합니다.

물론 투자금의 50~60% 정도는 대출을 받아서 투자하는 경우도 많지만 대출까지 포함한 투자 총액은 최소한 1~2억 원 이상인 경우가 대부분이죠.

그래서 대출 없이 몇천만 원의 소액으로 일반 부동산에 투자한다는 것은 엄두도 내기 어려운 상황이며, 일부에서는 쉽고 간편하게 소액으로 부동산에 투자할 수 있도록 부동산 펀드를 개발해서 판매하고 있지만 이 역시 소유욕이 강한 부동산 특성상 보급에 어려움을 겪고 있는 것이 사실입니다.

**그러면 그 많은 부동산 종류 중에서 어디에 어떻게 투자해야 할까요?**

그 답을 찾기 위해 상가, 오피스텔, 아파트 분양 현장이나 모델하우스에 가서 질문해보면, 그 현장 담당자들은 하나 같이 자신들이 분양하는 물건에 투자하는 것이 정답이라고 주장할 것입니다. 또는 아파트, 상가, 오피스텔, 호텔, 토지 등의 각 분야에 속해 있는 전문가들도 대부분 그렇게 주장한다는 것이죠. 어떻게 보면 그 주장도 일부 맞을 수도 있고 틀릴 수도 있습니다.

그러면 부동산의 대표적인 상품인 아파트에 대해서 투자가 적정한지 부적절한지에 대해서 알아보겠습니다.

최근의 환경상 주거의 목적이 아닌 투자의 목적으로 아파트를 분양 받거나 매입한다는 것은 이제는 사실 성공투자하고는 거리가 멀다고 생각합니다.

주거의 목적으로 매입을 한다고 하더라도 자신이 감당하기 어려울 정도의 대출을 받아야 한다면 이 또한 쉽지 않은 투자이며, 사실 59

| RISK | CHANCE |
|---|---|
| - 수요자 감소<br>- 1~2인 가구 증가<br>- 높은 주택보급률<br>- 향후 1~2년 내 대량의 입주물량<br>- 인구절벽<br>- 생산가능인구 감소<br>- 노령사회 진입<br>- 역전세난<br>- 보유세 강화 | - 낙후된 신도시 아파트<br>- 신설 역세권 개발<br>- 기업도시/혁신도시 등 지방도시 개발<br>- 신설 산업단지<br>- 소형아파트 수요증가 |

㎡(25평형) 이하의 소형 아파트 외에 84㎡(34평형) 이상의 중대형 아파트라면 집값이 큰 폭으로 변동할 위험 때문에 상당히 주의해야 할 것 같습니다.

또한 노령화 문제나 경제활동인구의 감소, 인구절벽을 앞둔 상황, 1~2인 가구의 증가 같은 인구의 구조 변화나 우리나라 주택 보급률이 이미 100%를 넘었다는 주택환경도 중대형 아파트의 가격변동 리스크가 앞으로도 더 커질 수 있다는 것을 의미합니다.

특히 2017년부터 2019년까지 전국의 신규 입주 아파트는 약 100만 호에 이를 정도라고 하는데, 이는 아파트 전체 물량 중에서도 어마어마한 규모로서 공급과잉이 아닐 수 없는 것이죠.

이러한 사실은 앞으로 역전세난에 따른 입주 포기 등의 사회문제로 대두되어 가계부채의 폭탄이 될 것이라고 예상되는 등 장기적인 경기침체와 더불어 우리 경제의 또 다른 대형 리스크가 아닐 수 없습니다.

사실상 수년 전부터 금리를 내리면서 집을 사라고 정부가 국민들에게 부동산 경기를 부추긴 결과가 큰 부메랑이 되어서 정부가 아닌 국민들에게 다시 돌아오는 꼴이 되고 말았습니다.

이런 와중에 대출금리는 무섭게 오르고 있고 신규 담보대출이나 중도금 대출을 제한하는 추세여서 아파트에 대한 투자 리스크는 여러 가지로 심각한 상황이라 할 수 있습니다.

따라서 아직은 수요가 많은 신설 역세권이나 산업단지 주변의 소형 아파트를 주거의 목적으로 또는 투자의 목적으로 일부 매입하는 것은 무리가 없을 수도 있겠지만 중대형 아파트를 할인한다고 해서 또는 급매물이라고 해서 투자용으로 덥석 분양 받거나 매입을 한다는 것은 향후 리스크가 매우 커질 수 있으므로 상당히 주의해야 할 사항이라고 판단됩니다.

※ 최근 정부의 부동산 대책을 비웃듯 서울의 집값이 비정상적으로 급등하는 것은 거품일 가능성이 매우 큰 현상이므로 조만간 조정받을 수 있어서 더욱더 주의해야 합니다.

## 02. 신규 상가 투자 환경

상가라 한다면 수익형 부동산 중에서 가장 대표적인 투자용 부동산으로서 일반 투자자가 가장 접하기 쉬운 물건이라 할 수 있습니다. 상가 투자로 큰 돈을 벌었다는 분들도 많고 반대로 손해를 보았다는 분들도 많은 등 투자의 호불호가 가장 큰 부동산 중 하나가 바로 상가투자일 것입니다.

상가는 근린상가, 테마상가, 복합상가, 쇼핑몰 상가, 단지 내 상가 등으로 분류할 수 있으며, 상가 투자는 신규 상가를 분양 받거나 기존 상가를 매입하는 2가지 방법이 있습니다.

여기서는 신규 상가를 선분양 받는 투자물건에 대해 분석해 보도록 하겠습니다.

신규로 상가를 분양 받는다는 것은 주요 수익형 부동산(상가, 오피스텔, 레지던스, 호텔 등) 중에서 투자금의 규모가 가장 큰 경우라 할 수 있기에 금액만으로도 투자 리스크가 매우 크다고 할 수 있으며, 향후 입주 후 상권 활성화에 성공한다면 큰 수익률을 올릴 수 있겠으나, 반대로 상권 활성화가 지지부진하거나 공실이 발생한다면 큰 손실을 볼 수도 있습니다. High Risk, High Return 즉 수익률이 크면 위험도 크다는 것이죠.

그래서 신규상가를 분양 받는다는 것이 어렵다는 것이며, 뚜껑을 열기 전에 최고라 확신하여도 막상 열고 보면 예상과 달리 빗나간 경우도 많고, 예상외로 잘 되는 경우도 있는 등 종잡을 수 없는 경우가 많습니다.

그런 까닭에 어떤 투자자들은 도저히 판단하기 어렵다고 보고 상권이 잘 형성되고 임대 수익률이 좋은 곳을 골라서 기존 상가만을 선택하는 경우도 있습니다.

📍 상가 투자 위험 및 기회 요소

| RISK | CHANCE |
|---|---|
| - 높은 분양가<br>- 높은 임대료<br>- 거액의 투자금<br>- 대출이자 부담<br>- 경기침체 / 소비침체<br>- 소비인구 감소<br>- 노령화 | - 신설 역세권 상가<br>- 4거리 코너상가<br>- 상권 활성화된 곳의 상가분양 |

요즘 수도권 신도시나 역세권 등 웬만한 곳의 1층 근생 상가를 분양 받으려면 3.3㎡(1평) 당 최소 3,000만 원대 이상이고, 코너 자리나 건물입구 상가의 경우는 거의 4,000~5,000만 원대 이상입니다. 실평수 10평 정도라면 괜찮은 지역의 상가는 총 분양가가 약 8~10억 원 정도로 형성되어 있습니다.

여기서 분양가의 약 40~50% 정도는 대출을 받아서 투자를 한다고 하더라도 높아지는 대출이자 등을 감안하면 투자금액은 꽤 거액이라 할 수 있는 것이죠.

물론 상권 활성화가 예상 외로 잘 되어서 임대가 잘 나가고 수익률이 좋다면 대출이자 등은 문제가 되지 않겠으나, 그 반대의 경우가 발생한다면 매우 큰 문제입니다.

상권 활성화가 잘 안 되어서 또는 임대료가 비싸다는 이유로 임차자를 못 구하여 공실이 발생한다면 투자수익은 고사하고 오히려 대출이자를 매월 수백만 원씩 갚아 나가야 하는 등 엄청난 손실을 떠안게 되겠죠. 상가투자는 이래서 어렵다는 것입니다.

### 그러면 왜 공실이 발생할까요?

상권 활성화가 안 되거나 또는 장사가 안 되거나 임대료가 너무 비싸거나 등등 여러 가지가 있겠죠.

물론 장사가 아주 잘 된다면 임대료가 비싸더라도 들어오겠다는 임차인이 있을 수 있으나 분양가가 높다는 것은 임대료가 높아질 수밖에 없다는 점에서 임차인 입장에서 머뭇거리게 됩니다. 임대료 이상의 수익을 내기가 어렵다는 판단에 들어오기를 꺼려서 공실이 발생하는 것입니다.

대체 임대료는 얼마나 하기에 임차인들이 임대료를 부담스러워 할까요?

　현재 수도권 1층 상가 실평수 10평 정도의 분양가는 평균 8억이라는 가정하에 수익률과 예상 임대료를 계산해 보겠습니다.

📍 예시 〈상가 투자 시 예상 수익률 및 임대료 계산표, 단위: 천 원〉

| 공급가 | 취득세 (4.60%) | 대출 | | 보증금 (10%) | 실투자금 | 예상 월 임대료 | 예상 수익률 |
| | | 대출금 (40%) | 대출이자 (년 4.0%) | | | | |
|---|---|---|---|---|---|---|---|
| 800,000 | 36,800 | - | - | 80,000 | 756,800 | 3,500 | 5.55% |
| 800,000 | 36,800 | 320,000 | 12,800 | 80,000 | 436,800 | 3,200 | 5.86% |
| 1,000,000 | 46,000 | - | - | 100,000 | 946,000 | 4,500 | 5.71% |
| 1,000,000 | 46,000 | 400,000 | 16,000 | 100,000 | 546,000 | 4,000 | 5.86% |

※ 위 내용은 가정에 의한 예상 수치입니다.

　위 예상 임대료 및 수익률 표에 나와 있듯이 웬만한 10평짜리 조그만 상가에 들어가 장사를 하려면 최소한 월 300~400만 원 이상의 월세를 낼 수 있어야 가능하며, 두 칸을 쓴다면 월세는 600~700만 원 이상이 됩니다.

　물론 보증금도 약 1억 원 정도는 내야 하며, 여기서 보증금을 내린다면 월세는 더 올라가겠죠. 또한 상가 주인 입장에서 괜찮은 자리라고 판단해서 수익률을 5%대에서 6~7%대로 끌어 올린다면 거의 월세를 500만 원 정도를 받아야 한다는 상황이 되니 임차자 맞추기는 더 어려울 수밖에 없습니다.

분양가가 높으면 자동적으로 임대료가 올라가기 때문에 임차자를 구하지 못하고 공실이 될 확률이 높아지는 것입니다. 위례나 광교 같은 신도시 상가의 경우도 분양가가 너무 높아서 임차인 맞추기가 쉽지 않다고 하는 것이 현장의 분위기입니다.

장기적인 경기침체로 인한 소비 수요의 위축과 상가 실수요자라할 수 있는 인구의 감소 추세, 전반적인 노령화와 1~2인 세대의 증가 등 상가투자의 여러 가지 사회적인 리스크가 증가하고 있는 현 시점에서 신규 상가 투자의 옥석을 가리기란 정말 쉽지만은 않은 것 같습니다.

## 03. 오피스텔 및 레지던스 투자 환경

최근 분양되고 있는 오피스텔은 주거용이나 업무용으로 선택이 가능하며, 레지던스도 활용성이 매우 높은 생활숙박시설로서 관광객이나 1~2인 가구에 맞는 수익형 부동산 중의 대표적인 소형 부동산이라 할 수 있습니다.

오피스텔과 레지던스는 약 20~25㎡(실면적)의 원룸과 좀더 큰 1.5룸 타입이 대부분이라서 1~2인 가구가 사용하기에 매우 적합한 규모로 설계가 됩니다.

분양가는 용인, 인천, 아산, 동탄 등의 수도권 지역의 경우 약 1억 원대 중·후반이면 투자가 가능한 수준이며 대출(50~60%)을 끼고 분양 받을 경우 아주 싼 곳이라 하더라도 한 채당 보통 실투자금 4,000~5,000만 원 정도는 있어야 투자가 가능합니다.

이러한 오피스텔과 레지던스에 투자한 경우 수익은 거의 매월 월세를 받는 임대수익을 기대할 수 있으며, 수도권 지역에서는 보증금 500~1,000만 원에 월세는 보통 40~60만 원 정도를 받거나 예상되므로 공실이 없다는 가정하에 실투자금 대비 보통 연 6~8% 정도의 수익률을 기대할 수 있습니다.

최소로 가정되는 소액(4,000~5,000만 원 정도)의 투자자금을 은행 예금 외에는 굴릴 데가 마땅치 않은 상황에서 이러한 오피스텔과 레지던스에 투자해서 이 정도의 수익률을 올릴 수 있다면 매우 만족스러운 투자상황이라 평가되고 있는 것이죠.

이런 소규모 투자금을 은행에 넣어 봐야 쥐꼬리만 한 이자로 수익은커녕 화폐가치 하락으로 원금 손실을 볼 수도 있는 상황에서 오피스텔이나 레지던스에 투자해서 안정적인 월세를 받는다면 요즘 같은 금융시장 상황상 이보다 더 좋은 투자는 없을 것이라 생각합니다.

수익형 부동산 투자하지 마라! 이걸 알 때까지!

어떤 투자자들은 약 1~1.5억 원 정도의 자금으로 오피스텔이나 레지던스 몇 채 정도를 분양 받아서 노후자금 마련용으로 임대를 놓는 경우가 있는데, 약 1.5억 원 정도 투자해서 매월 150만 원 정도를 받는다면 투자금 대비 노후자금 마련용으로 최고의 상품이라 할 수 있겠죠.

그런데 문제는 이렇게 예상한 것처럼 100% 잘 되면 좋겠지만 안 될 수도 있다는 것인데, 오피스텔이나 레지던스의 기대수익률이 높은 이유가 여기에 있다고 생각합니다.

은행 예금의 경우 액면 그대로 원금 손실의 위험이 없기 때문에 금리가 매우 낮은 것이며, 오피스텔이나 레지던스의 경우는 준공 후 자리 잡히기 전 일정 기간까지(약 6개월) 공실 발생 위험이 높거나 또는 임대료가 예상보다 낮게 형성될 수 있는 등의 투자 원금 손실의 위험을 지니고 있기 때문에 기대수익률이 높은 것이죠.

특히 요즘은 대출금리의 상승으로 예상하는 수익률을 달성하기가 쉽지 않은 상황입니다.

따라서 오피스텔이나 레지던스를 분양받기 전 옥석을 가리기 위해서는 꼭 확인해야 할 사항들이 있는데, **임대수요가 풍부한지 여부, 예상 임대수익률 분석, 공실이 발생할 확률, 투자물건의 계약조건, 부가적인 세금발생 여부** 등을 꼼꼼하게 확인한 후 투자를 결정해야만 이러한 투자 리스크를 최소화할 수 있습니다.

사회구조의 변화로 봤을 때 오피스텔이나 레지던스 등의 소형 부동산을 활용한 임대사업은 미래 전망이 매우 밝다고 할 수 있으며, 1~2인 가구의 증가와 고령화 등의 인구구조 변화가 이를 증명할 것으로 예상됩니다.

과거 일본의 경우도 잃어 버린 20년 기간에 아파트 등의 공동주택 가격은 폭락이나 하락세를 면치 못했으나, 1~2인 가구가 이용하는 오피스텔 같은 소형 부동산의 임대사업은 활황세를 이어오고 있다고 합니다.

📍 오피스텔 및 레지던스 등의 위기와 기회

| RISK | CHANCE |
|---|---|
| - 공급과잉 논란 | - 1~2인 가구 증가 |
| - 인구감소 | - 고령사회 진입 |
| - 임대소득세 증가 | - 소가족화 |
| - 공실률 위험 | - 높은 기대수익률 |
| - 임차자 관리 | - 안정적인 월세수입 |
| - 유지보수 관리 | - 장기적인 저금리기조 |
| - 대출금리 상승 | - 관광산업의 발전전망 |

OECD 국가 중에서 가장 급격한 고령 사회를 겪고 있는 우리로서도 아파트보다는 오피스텔이나 레지던스 같은 소형 부동산의 임대사

업 전망이 매우 밝다고 할 수 있는 것이죠.

또한 단기적으로는 대출금리가 상승하고 있지만 장기적으로는 저금리 기조가 계속 심화될 확률이 매우 높다고 할 수 있습니다.

이런 점에서 저는 오피스텔이나 레지던스의 공급과잉 논란이나 인구감소, 공실률 위험, 임차자 관리의 어려움 등의 위험요소에도 불구하고 **거시적 관점에서 오피스텔이나 레지던스 같은 소형 부동산의 투자 전망을 매우 긍정적으로 평가**하고 있습니다.


## 04. 분양형 호텔 투자 환경

수익형 부동산 중에서 최근 몇년 사이에 가장 붐을 일으켰던 상품은 호텔이라 할 수 있습니다. 호텔도 일반 오피스텔이나 레지던스처럼 객실을 일반 투자자가 분양 받아서 임대료 수익을 올릴 수 있는 임대사업이 가능하기 때문입니다. 아마도 오피스텔이나 레지던스보다 기대수익률이 높고 투자자 입장에서 별도의 관리가 필요 없다는 장점 때문에 인기를 끌고 있는 것 같습니다.

이렇게 일반 투자자에게 분양하는 호텔을 일명 분양형 호텔이라 부르고 있습니다. 특히 최근 중국인들의 한류 관광 붐이 일었던 것의 영향으로 제주도를 비롯한 영종도, 강릉, 속초, 수도권 등 전국 주요 관광지를 위주로 많은 물량의 호텔들이 분양을 진행했었고 지금도 전국 주요 관광지 위주로 꽤 많은 호텔들이 분양 중에 있습니다.

그러나 최근 사드의 영향으로 중국의 사드 보복에 의해서 중국인 관광객의 입국이 크게 줄어 들었던 것 때문에 그에 따른 투자 부작용도 많이 발생하고 있습니다.

호텔을 분양 받게 되면 분양 받은 특정 객실에 대해 계약자 앞으로 구분등기가 된다는 점과 향후 원한다면 계약자 마음대로 매매가 가능하다는 점이 특징이며, 임대사업을 위해서는 일반 임대사업자로 등록해야 하는 등의 세무절차는 오피스텔 일반임대사업자와 거의 동일합니다.

분양형 호텔의 기회요인은 오피스텔이나 레지던스처럼 소액투자가 가능하다는 점과, 높은 임대료 수익(보통 연 6~8%)을 최대 5년 또는 10년까지 지급보증 받을 수 있어서 장기간 안정적인 임대료 수익을 낼 수 있다는 조건입니다. 액면 그대로 살펴보면 오피스텔이나 레지던스 같은 여타 수익형 부동산과 비교했을 때 가장 파격적인 계약조건으로서 투자자 입장에서는 수익률을 높일 수 있는 기회인 것입니다.

그 외에도 관광 코리아의 미래전망이 매우 밝다는 점에서도 투자가치가 매우 높다고 할 수 있습니다.

반면에 분양형 호텔은 위기 요인도 많은데, 항상 달콤한 계약조건

뒤에는 숨겨진 위험이 도사리고 있다는 점을 명심해야 합니다. 괜히 5년간 또는 10년간 높은 수익률을 보증해줄 리가 없으며, 그 이면에는 투자 리스크가 클 수 있다는 점을 생각해야 합니다.

물론 운영사 입장에서는 그 이상의 수익을 낼 수 있다는, 사업에 대한 자신감이 있어서 그런 파격적인 조건을 제시하겠지만, 뚜껑을 열기 전에는 어떻게 될지 알 수 없는 것이며, 회사 입장에서는 당장의 분양을 위해서 그런 파격적인 고육지책을 제시하는 것이라 저는 판단합니다.

최근 중국의 사드 보복으로 인한 국내 관광산업의 타격은 좋은 사례라 할 수 있습니다. 분명 파격적인 계약조건에는 파격 이상의 위험이 도사리고 있다는 점 꼭 기억해야 합니다.

📍 분양형 호텔의 위기와 기회 요소

| RISK | CHANCE |
|---|---|
| - 공급과잉 논란<br>- 호텔운영사의 부실<br>- 낙후된 관광자원<br>- 남북관계<br>- 주변국과의 정치적 마찰 | - 희망적인 관광산업의 미래전망<br>- 미래의 고부가가치 산업<br>- 높은 기대수익률<br>- 안정적인 월세수입 |

두 번째 위기 요인은 정치적인 리스크입니다.

최근 중국의 사드 보복에 의해서 유커의 한국여행은 전면 금지되는 상황을 겪었으며, 현재는 거의 풀렸다고 하지만 북한과의 대치관계 및 한반도의 특수한 상황으로 봤을 때 중국은 향후 언제든지 제2, 제3의 사드 보복으로 우리나라를 통제하려 할 것이 분명합니다.

그때마다 중국인을 대상으로 하는 국내 일부 관광산업은 위축될 수밖에 없으며, 호텔 및 숙박 산업도 큰 타격을 받을 것이 확실하다는 점에서 분양형 호텔의 투자 리스크에 대한 변동폭이 꽤 크다고 분석됩니다.

유커가 관광을 안 오더라도 국내 관광산업은 어느 정도 유지는 되겠지만 지금까지 폭발하는 중국관광객을 맞아야 한다고 우후죽순 분양되었던 호텔은 일부 지역별로 공급과잉이거나 거품일 수 있으며, 이러한 투자 위협 요소를 제거하기에는 쉽지 않아 보입니다.

따라서 분양 시 내세우는 확정보증 임대수익률 등의 선심성 계약 조건을 보고 평가할 것이 아니라 분양형 호텔의 계약 조건을 충족시키기 위한 호텔의 운영방안이 구체적으로 무엇이고, 운영방안을 명확하게 제시하고 있는지, 위와 같은 리스크의 해결책은 무엇인지, 호텔 운영에 큰 문제가 없는지 등을 잘 판단해서 투자의 옥석을 가려야만 호텔 투자에 성공할 확률이 높아집니다.

## 05. 역세권 토지 투자 환경

사실 토지는 가장 잘 알려진 수익형 부동산의 대표적인 상품이라 할 수 있습니다만 소액투자가 어렵다는 점과 환금성이 떨어진다는 점, 그리고 거의 10년 이상 장기간 투자해야 한다는 점 때문에 일부 소수의 투자자 외에 일반인이 쉽게 투자하지 못하는 부동산이라 각인되어 왔습니다. 즉 투자는 하고 싶지만 아무나 못하는 게 토지라는 것이죠.

**그 중에서 역세권 토지는 어떠했을까요?**

역세권 개발 예정지에 투자를 하더라도 일반인이 접근하기에는 마찬가지였죠.

역세권 토지는 투자 가치는 뛰어나지만 고액이라는 점과 환금성의 어려움, 특히 토지가 강제수용될 경우 죽 쒀서 개 주는 격으로 대부분의 수익은 정부가 가져가는 구조였기 때문에 지주들과 정부의 소송 분쟁으로 역세권 개발사업이 쉽게 진행되지 못했던 것이 사실이었습니다.

땅은 사두면 웬만해서는 떨어지지 않는다는 전통적인 믿음이 강한 부동산이지만 이렇듯 소액투자가 가능한 일반인이 투자하기에는 쉽지 않은 대상이었죠.

하지만 2012년 '역세권 개발에 관한 법률'이 시행되면서 소액 투자자에게도 역세권 토지 투자를 쉽게 할 수 있는 새로운 길이 열리게 되었습니다.

'역세권개발법'은 특정 부지를 제외하고 역세권 토지를 강제수용하기보다는 토지의 용도 변경과 용적률 상승 등의 구획정리를 통해서 환지(또는 현금청산)로 보상하는 방식으로 추진한다는 점에서 정부와 지주가 서로 윈윈하는 전략입니다. 알박기 등 역세권 사업추진에 걸림돌이 될 소지를 제거하여 역세권이 계획대로 신속하게 진행될 수 있는 환경이 마련되었습니다. 이후의 모든 역세권은 역세권개발법 하에서 개발하게 된 것이죠.

따라서 역세권 토지는 역세권개발법에 의해서 그 동안 토지 투자의 맹점이라 할 수 있는 환금성이 매우 떨어진다는 점과 소액투자가 어렵다는 점, 그리고 장기간 투자해야 한다는 점의 문제점을 어느 정도 해결할 수 있다는 점에서 일반 투자자에게 쉽게 투자할 수 있는 기회를 제공했다고 생각합니다.

그러나 역세권개발법의 적용을 받는 역세권 토지라 하더라도 소액투자인 경우 여전히 큰 투자 리스크는 존재합니다. 주요 리스크는 최소 3~4년 이상의 투자기간, 지분투자에 의한 공유 토지 리스크 등이 대표적인 사항이라 분석됩니다.

사실 소액투자의 경우 역세권 토지만 아니라 다른 토지의 경우도 마찬가지로 투자하기는 쉽지 않은 것이 현실입니다.

| RISK | CHANCE |
|---|---|
| - 낮은 환금성<br>- 장기투자<br>- 강제수용 가능성<br>- 공유토지<br>- 역세권에서 배제될 가능성 | - 투자의 안전성 상승<br>- 환지 받을 경우 높은 기대수익률<br>- 소액투자가 가능하다는 점<br>- 보유지분만큼 재산권 행사 가능 |

반대로 역세권 토지 투자의 기회요인은 위험요소보다 훨씬 많습니다. 일단 소액투자가 가능하다는 점이며, 대출 없이 보통 3,000~4,000만 원 정도의 소액투자가 가능합니다.

수도권 오피스텔, 레지던스, 호텔의 경우 보통 실투자금은 최소 약 4,000~5,000만 원대 이상이며, 여기에 대출까지 실투자금 이상을 받아야 하기 때문에 총 투자금 규모 면에서 좀 부담스럽지만, 역세권 토지는 한 1/3 수준으로서 상당히 가벼운 투자가 가능하다는 것입니다.

또한 수익성도 매우 뛰어나다고 할 수 있으며, 역세권 개발 예정지에 편입되어 향후 환지나 현금으로 보상 받는 경우 과거 역세권 투자 사례 등을 참조했을 때 최소 몇 배에서 많게는 수십 배의 수익률도 기대할 수도 있다고 예상합니다.

이러한 역세권 토지 투자의 기회요인이 많다는 점 때문에 요즘 역세권 토지 투자에 관심을 가지는 분들이 많은 것인지도 모르겠군요.

하지만 기대수익률이 매우 높은 만큼 위험도 그에 못지않게 큰 것이 토지라는 점을 잊지 말아야 합니다.

소액투자는 거의 지분등기의 공유토지라서 환금성이 매우 떨어진다는 점과 단기투자가 거의 어려운 장기투자라는 점, 그리고 수익률 편차가 가장 높은 부동산이라는 점은 역세권 토지의 가장 큰 리스크라 분석됩니다.

# 2부
# 수익형 부동산
# 공략법

**PART**

# 수익형 부동산 실전투자 가이드

### 01. 1가구2주택에 해당되는 경우는?

주택이나 오피스텔 등을 투자할 때에 1가구2주택에 해당되면 양도세 중과 등으로 1가구1주택보다 과세의 불이익을 당하는 경우가 발생할 수 있어서 주의할 필요가 있습니다. 또한 이번 정부에서는 집값을 잡겠다는 취지로 1가구 다주택자에게 보다 더 엄한 과세를 예정하고 있어서 1가구2주택에 해당되는지 여부에 소비자의 관심이 증폭될 수밖에 없습니다.

**그러면 레지던스나 오피스텔 같은 수익형 부동산도 1가구2주택에 해당될까요?**

일반적으로 레지던스나 오피스텔 같은 경우는 1가구2주택에 해당되지 않지만 예외로 적용되는 경우도 있으므로 잘 파악해야 합니다.

즉, 레지던스의 경우는 생활숙박시설로서 상업목적으로 이용하는 한 1가구2주택에 적용되지 않지만, 오피스텔의 경우는 일반임대사업자로 등록한 후 주택용도로 실거주할 때에는 1가구2주택에 해당될 수 있습니다. 여기서 세입자가 입주한 후 주소 이전과 전입신고를 했을 때에도 레지던스는 1가구2주택에 해당되지 않으나, 오피스텔은 주거용도로 임대했더라도 주택임대 사업자 등록 시에만 1가구2주택의 중과세를 피해갈 수 있습니다.

따라서 오피스텔의 경우는 사업자별로 주인이나 세입자가 실거주할 경우 과세당국에 적발된다면 1가구2주택에 간주될 수 있기 때문에 주의가 필요합니다.

※ 위 내용은 과세당국의 정책과 세법 변경 등으로 사실과 다르거나 변경될 수도 있기 때문에 더 정확한 사항은 세무사 등의 전문가에게 의뢰하시기 바랍니다.

## 02. 부동산 침체기에 필요한 투자 조건

요즘은 대출금리가 상승기인데다 정부의 대출규제로 부동산 투자 환경이 썩 좋은 편이 아니어서 이를 한마디로 표현하면 장기적인 부동산 침체기라 할 수 있습니다.

대출금리가 매우 낮을 때에는 대출받아서 투자를 하더라도 임대수익이 꽤 괜찮은 수준이었으나, 이제는 대출금리가 연 4%대 초 정도로서 대출금리가 오른 만큼 수익률이 떨어진다는 점에서 별로 투자효과가 높지 않다고 여기기 때문에 투자자들이 움츠려 드는 부동산 침체기가 된 것 같습니다.

**그러면 이러한 부동산 침체기에 필요한 부동산 투자 조건은 어떤 것일까요?**

부동산 투자의 기본으로 돌아가서 생각해보면 투자는 안전해야하고, 수익성이 있어야 하고, 그리고 환금성이 좋아야 합니다. 여기에 더해서 투자환경 변화에 대응할 수 있는 적응성까지 가미된다면 최고의 조건이라 할 수 있습니다. 이런 어려운 불경기에서도 이러한 기본에 충실한 부동산 투자를 한다면 리스크를 최소화할 수 있는 적합한 투자 조건이라 할 수 있습니다.

### 안전성

부동산 침체기나 불경기의 부동산 투자에 있어서 가장 중요한 점은 투자 부동산이 매우 안전해야 하며, 그 안전장치는 무엇이 있는지 또는 어떤 구조로 안전하게 지킬 수 있는지 등을 잘 검토해야 합니다. 이러한 안전성이 결여된 부동산은 특히나 최근 같은 침체기에는 맞지 않으며, 반대로 수익성은 다소 낮더라도 안전성이 높은 부동산이라면 적정한 투자 조건이라 할 수 있습니다.

**불확실한 상황에서는 첫째도 안전, 둘째도 안전, 셋째도 안전입니다.**

## 수익성

둘째는 수익성이며, 투자에 따르는 수익과 손실의 결과 중 수익을 낼 확률이 높을지 아니면 손실을 볼 가능성이 높을지, 손실을 볼 확률은 얼마나 되는지 등을 잘 따져 봐야 합니다. 그 결과 손실 볼 확률보다는 수익을 볼 확률이 월등하다면 요즘 같은 시대에 가장 적합한 투자 조건이라고 할 수 있습니다.

## 환금성

마지막으로 투자의 기본 중에서 언제든 손을 털고 나올 수 있는지, 즉 투자 부동산을 팔고 현금화할 수 있는 환금성이 높은지 등을 검토해 봐야 합니다. 이것은 최근 같은 부동산 침체기에 매우 중요한 투자의 기본적인 요소라 할 수 있습니다.

안전성 높고 수익성도 높은데 투자자가 원하는 시점에 빠져 나오기 어렵다면 요즘 같은 불확실한 시대에는 적절치 않습니다

## 적응성

요즘 같은 불경기에는 계획이나 예상을 빗나갈 확률이 높아지는 상황이라고 할 수 있기 때문에 투자가 더 어려울 수 있습니다.

따라서 어떤 상황이 발생하더라도 그 환경 변화에 맞게 대응해 갈 수 있는 적응력이 높은 부동산이 불경기에 필요한 투자조건이 될 것입니다.

## 03. 불확실 시대에 가장 안전한 수익형 부동산은 무엇인가?

요즘 같은 전반적인 경기 침체기에는 부동산에 투자를 하더라도 수익률보다 더 우선시해야 할 사항이 바로 투자의 안전성입니다.

당장의 수익률이 높다는 것은 위험도 그만큼 높다는 것으로 안전을 우선시해야 하는 요즘 같은 상황에서 수익률은 두번째 문제가 되어야 하며, 어떤 상황에 처하더라도 리스크보다 안전성이 높다면 최고의 투자상품이라 할 수 있습니다.

**그러면 수익형 부동산 중에서 어떤 상품이 가장 안전성이 높을까요?**

안전성 높은 상품은 한마디로 카멜레온처럼 상황에 따라 용도가 바뀌는 상품이 최고라고 생각합니다.

모든 분양 상품은 입주 후 뚜껑을 열어봐야만 성패 여부를 알 수 있습니다. 그전에 무슨 수익률 보증이나 계약 혜택 등을 제시하는 것은 당장 안전성이 높아 보이지만 오픈한 후에는 어떻게 될지 모르는 것이죠. 따라서 이런 계약 특전이라는 것은 분양률을 올리기 위한 마케팅에 지나지 않을 수 있다는 점을 직시해야 합니다.

보통 수익률 보증은 길어야 2년이며, 2년 동안 수익률 보증에 대한 비용은 고스란히 분양가에 이미 적용되어 있을 확률이 높기 때문에 2년 동안 수익률을 보증해주고 그 이후에는 손을 떼어도 업자 쪽에선 손해가 아닐 수 있습니다.

결국 그 뒤가 문제가 되는 것인데, 이때 대외적인 정치 문제나 국내외 경제적 상황 등에 따라 손실을 볼 수 있는 위험이 항상 도사리고 있다고 생각하며, 그렇기 때문에 이런 상황변화에 따라 그 상품은 즉시 다른 용도로 활용할 수 있어서 상황에 따른 대응력이 높아야 합니다. 이런 상황에 적절하게 대응하지 못하면 소위 망하거나 쪽박 차는 것이죠.

한 예로 투자 유망한 모 쇼핑몰이 있으며, 연 6%의 수익률을 2년간 보증해준다는 계약조건에 분양을 한다고 가정해 봅시다. 앞으로의 비전과 계약 조건으로 지금은 정말 좋아 보일 수 있지만 오픈 후 대외적인 변수에 의해서 상권 활성화가 안 되거나 예상을 빗나간다면 투자자들은 2년 후에는 월세를 받기보다는 대출이자 등의 부담으로 큰 손실을 볼 확률이 높습니다. 또한 그 상황에 맞게 활용도를 변신하려 해도 쇼핑몰 외에는 별다른 용도가 없다는 점에서 큰 위험에 직면하게 될 수 있습니다.

이는 가정이지만 이래서 현대의 수익형 부동산은 그 상황에 맞게 활용도가 뛰어난 그야말로 카멜레온이 되어야 한다는 것이죠.

또 다른 예로서 국내 최고의 세계적 관광지에 숙박용으로 분양하는 레지던스의 경우는 활용도가 관광객 대상의 단기 숙박용, 주변의 1~2인 가구를 위한 장단기 임대용, 실거주용, 은퇴생활용, 세컨드하우스용 등 5가지로 활용될 수 있다는 점에서 활용성이 매우 뛰어난 최고의 안전성 높은 상품으로 평가가 되는 것입니다. 숙박용으로 분양을 받았다가 상황 변화로 수익률이 시원치 않다면 임대용이나 실거주 등의 다른 용도로 즉각 변경해서 활용할 수 있다는 점에서 투자의 안전성이 매우 높을 수 있습니다.

이런 상품이라면 어떤 상황 변화가 오더라도 그 상황에 맞는 상품으로 변경해서 활용이 가능하나 앞서 예를 든 쇼핑몰이나 상가 등은 상권 활성화가 안될 경우 그 이외에 활용할 방법이 없기 때문에 위험률이 매우 높다고 할 수 있는 것입니다.

또한 레지던스라고 다 같은 레지던스가 아니죠. 수도권의 산업체와 제조업체가 몰려 있는 역세권 오피스텔이나 레지던스의 경우는 지금 당장은 유망해 보일 수 있습니다. 하지만 국내 제조업 경기는 끝없이 추락하고 있고, 잘 나가던 반도체 산업도 중국 등의 후발주자의 추격에 최고의 성장기가 끝나가고 곧 침체기로 접어들 것이라고 하는 등, 앞으로 이런 시장의 변화에 따른 불경기가 도래한다면 이와 관련된 부동산도 일부 직격탄을 맞을 가능성이 크다고 예상됩니다.

1~2인 거주자 수요가 많은, 산업단지가 몰려 있는 역세권이지만 실거주나 임대용 외에는 별다른 방법이 없다는 점에서 안전성은 그 누구도 장담하지 못하는 상황입니다.

따라서 최근 같은 불경기에는 이런 활용도를 평가해서 어떤 변수가 발생하더라도 또는 어떤 상황에도 즉각 다른 용도로 활용할 수 있는 활용성이 높은 **수익형 부동산이 매우 안전하고 투자 유망한 틈새 부동산**이라 할 수 있습니다.


### 04. 소형 부동산의 주거문화가 변하고 있다

소형 부동산이라면 오피스텔, 레지던스, 도시형 생활주택이 대표적이라 할 수 있는데, 역세권이나 산업단지 부근에 주로 많이 지어져서 1인이나 2인의 소형 가구에게 인기를 끌면서 요즘 젊은 층이 가장 선호하는 주거의 대표적 부동산이 되었습니다.

이러한 소형 수익형 부동산이 인기를 끄는 것은 아마도 주로 원룸 또는 1.5룸의 형태로서 거주 비용은 최소화할 수 있으면서 직주근접으로서 출퇴근하기에도 편리하다는 점 때문이 아닐까 생각합니다.

하지만 이러한 주거문화는 서서히 변하고 있는 추세입니다. 오피스텔이나 레지던스 등의 소형 부동산이 늘어나면서 공급과잉에 따른 치열한 경쟁 환경과, 잠만 자는 숙소보다는 뭔가 놀고먹고 즐길 거리를 원하는 요즘 젊은이들의 문화적 트렌드, 현재의 행복을 중요하게 여기며 생활하는 사람들을 지칭하는 욜로족의 증가 등이 소형 부동산의 주거문화를 변하게 하는 원인이라 할 수 있습니다.

즉 기존의 잠만 자는 숙소의 기능과 업무만 보는 사무실의 기능은 기본이고 여기에 여가활동이나 취미활동 그리고 고급 호텔의 수준 높은 룸 서비스까지 등장하면서 소비자의 관심을 한층 높이고 있는 것입니다.

특히 레지던스의 경우는 호텔과 오피스텔 그리고 주거 주택 등의 좋은 기능을 대부분 활용할 수 있다는 점에서 관심이 고조되고 있는데, 고급호텔에서 체험할 수 있는 조식 서비스나 기타 룸서비스 등을 접목할 경우 현재의 젊은 층과 미래 젊은 층의 다양한 취향과 라이프스타일까지 고려할 수 있기 때문에 비슷한 소형 부동산과의 경쟁성에서 다소 높은 우위를 차지할 수 있습니다.

또한 건물 주변에 이런 문화를 즐길 수 있고 체험할 수 있는 공간이 위치한다면 이 또한 충분히 좋은 조건이라 할 수 있습니다.

결국 지금까지 잠만 자거나 일만 하는 **소형 부동산의 주거문화가 서서히 주거의 기능에 더해서 즐기고 노는 획기적인 주거문화로 변하고 있다고 분석**되며, 앞으로 이러한 시대의 흐름과 트렌드를 잘 읽고 올바로 대처하는 것이 성공적인 투자에 더 다가갈 수 있는 방법이라 생각합니다.


## 05. 소형 수익형 부동산 분양 시 발생하는 세금

오피스텔이나 레지던스 같은 수익형 부동산에 투자하려는 투자자에게 가장 큰 관심사는 이후 발생되는 세금일 수 있습니다. 그 중에서도 오피스텔의 경우가 다소 복잡한 세금 체계로 인해서 혼선이 올 수도 있습니다.

　오피스텔은 업무용, 주거용 중에서 어떤 용도로 사용되는지에 따라 사업자도 다르고 발생 세금도 다르기 때문에 복잡한 것이 사실입니다.
　레지던스의 임대소득 시 발생한 세금은 일반임대사업자와 동일하므로 여기서는 사업자 별로 그리고 미등록의 경우로 나눠서 취득 시/보유 시/양도 시의 세금을 알아보겠습니다.

📍 취득 시 발생 세금

| 구분 | 레지던스/일반임대 | 주택임대사업자 | 미등록 |
|------|------------------|----------------|--------|
| 취득세 | 취득가액의 4.6% | 취득가액의 4.6%<br><br>전용면적 60㎡이하 100%면제<br><br>산출취득세액이 200만원 이상 시 85% 감면 | 취득가액의 4.6% |
| VAT | 건물분의 10%(환급가) | 환급불가 | 환급불가 |

※ 위 내용은 세법 변경 등으로 사실과 다를 수도 있기 때문에 더 정확한 사항은 세무사 등의 전문가에게 의뢰하시기 바랍니다.

## 취득 시 발생 세금

레지던스나 오피스텔 취득 시, 즉 분양 시부터 입주 전까지에는 분양가에 대한 부가가치세가 발생되며, 입주할 때에는 취득세가 발생됩니다.

단, VAT의 경우 일반임대사업자로 등록한 경우 전액 환급이 가능하지만 주택임대사업자나 사업자를 등록하지 않는 비등록일 경우에는 VAT환급은 불가합니다.

그리고 취득세의 경우는 입주 시 4.6%의 취득관련 세금을 납입해야 합니다.


## 보유 시 발생 세금

보유 시 재산세의 경우 일반임대사업자는 건물분(연간 0.25%), 토지분(2억 원 이하 0.2%)이 발생하지만 주택임대사업자는 전용면적 40㎡ 이하는 100% 감면, 60㎡ 이하는 50%를 감면 받을 수 있습니다.

또한 종합부동산세의 경우 주택임대 및 일반임대 사업자는 합산 배제 되지만 미등록은 합산 과세됩니다.


임대소득세의 경우 다소 복잡하여서 임대소득이 발생되면 매년 5월 종합소득세 신고 시 근로소득 등 다른 소득과 합산해서 6~42% 세율을 적용 받으며, 부동산 임대소득 신고 시 2,000만 원 이하의 경우 2018년 12월 31일까지 비과세 적용을 받지만 2,000만 원 초과의 경우 15.4%의 분리과세 적용을 받습니다.

| 구분 | 레지던스/일반임대 | 주택임대사업자 | 미등록 |
|---|---|---|---|
| 재산세 | 건물분 = 연간 0.25%(3억 원 이하) 사업용 토지분 = 2억 이하: 0.2% 2억~10억: 40만 원+ (2억 원 초과금액의 0.3%) 10억 초과: 280만 원+ (10억 초과분의 0.4%) | 전용면적 40㎡이하 100% 감면 전용면적 60㎡이하 50% 감면 전용면적 85㎡이하 25% 감면 (2호 이상) ※ 감면금액이 50만 원 초과시 15% 납부 2018년 12월 31일까지 한시적 | 〈과세표준〉 6천만 원 이하: 0.10% 1.5억 원 이하: 6만 원 +6천만 원 초과분의 0.15% 3억 원 이하: 195,000 원+1.5억 원 초과분의 0.25% 3억 원 초과: 570원+3억원 초과분의 0.4% |
| 종부세 | 합산배제(비과세) | 합산배제 -1호 이상 사업자등록일로부터 5년 이상 계속 임대 시 (수도권: 6억 이하, 비수도권: 3억 이하) | 합산과세 |
| 임대 소득세 | ※ 부동산소득으로 인한 임대소득 신고 시 2,000만 원 이하의 경우 2018년 12월 31일까지 비과세적용 ※ 2019년부터 적용 - 필요경비 70% 공제 - 임대소득 2천만 원 이하는 400만 원 추가공제 - 장기임대 감면(75%) | | |
| 공공 보험료 | 국민연금보험료/건강보험료 납부대상 ※ 직장가입자인 경우 해당 없고, 전업주부나 무직자인 경우 분리되어 납부의무 발생 | | 해당 없음 |

※ 위 내용은 세법 변경 등으로 사실과 다를 수도 있기 때문에 더 정확한 사항은 세무사 등의 전문가에게 의뢰하시기 바랍니다.

| 구분 | 레지던스/일반임대 | 주택임대사업자 | 미등록 |
|---|---|---|---|
| 양도<br>소득세 | 〈토지 및 건축물〉<br>1년 미만: 50% 단일세율<br>2년 미만: 40% 단일세율<br>2년 이상: 6~42% 누진세율 | 〈주택〉<br>1년 이상 1,200만 원 이하: 6%<br>1년 이상 4,600만 원 이하: 15%(누진공제 108만 원)<br>1년 이상 8,800만 원 이하: 24%(누진공제 522만 원)<br>1년 이상 1.5억 원 이하: 35%(누진공제 1,490만 원)<br><br>1년 이상 1.5~3억 이하: 38%(누진공제 1,940만 원)<br>1년 이상 3억~5억 이하: 40%(누진공제 2,540만 원)<br>1년 이상 5억 원 이상: 42%(누진공제 3,540만 원)<br>1년 미만 주택: 40% | |

※ 위 내용은 세법 변경 등으로 사실과 다를 수도 있기 때문에 더 정확한 사항은 세무사 등의 전문가에게 의뢰하시기 바랍니다.

## 양도 시 발생 세금

레지던스나 오피스텔을 보유하다가 판매할 때 또는 분양권을 전매할 때에는, 양도차익의 6~42%로 차등과세 되며, 일반임대사업자의 경우 2년 미만인 경우 40~50% 단일세율을 적용 받습니다.

## 기타

보유 시의 세금은 아니지만 레지던스나 오피스텔을 분양 받은 후 사업자 등록을 하고 입주 후 발생될 수 있는 것은 국민연금이나 건강보험 등의 세금 아닌 세금 같은 공공보험료가 있습니다.

다른 가족에 편입되어 있는 소득 없는 배우자나 자녀가 사업자 등록 시에 건강보험료나 국민연금 납부 대상자가 될 수 있기 때문에 이에 대한 확인이 필요한 사항입니다.

## 06. 수익형 부동산의 선분양은 과연 안전할까?

요즘 오피스텔이나 레지던스는 최소 수백 실에서 천 실이 넘어가는 랜드마크급 건물로 지어지는 대형사업으로 규모가 커지고 있는 추세입니다.

그런데 대부분 큰 규모의 공사여서 준공되려면 착공부터 최소 2년에서 3년은 걸려야 준공이 가능합니다. 그렇기 때문에 일반투자자가 지금 신규 오피스텔을 분양 받는다면 2~3년 정도의 꽤 오랜 기간이 지나야 입주가 가능할 수 있겠죠.

그래서 이런 오피스텔에 선분양으로 투자를 하더라도 입주 전까지 안전할지 궁금할 것입니다.

### 자금관리

보통 수익형 부동산의 계약 조건은 계약금으로 분양가의 10%를 납입하고 이후 입주 전까지 분양가의 50~60%를 중도금으로 나눠서 납입하며, 나머지는 잔금으로 입주할 때 납입하는 조건일 것입니다.

그런데 분양 받는 투자자 입장에서는 이렇게 선납하는 계약금이나 중도금이 떼일 염려 없이 안전한지 매우 궁금할 텐데, 만약 자금

수신처가 시행사나 시공사가 아니라 신탁사라면 일단 안심해도 된다고 생각합니다.

선분양의 위험성은 시행사와 건설사가 건물 준공 전 부도나 부실화되면 발생할 수 있으나, 시행사나 시공사가 계약자의 자금을 유용할 수 없게 신탁사가 분양대금을 직접 받아서 자금관리를 한다는 점에서 비교적 안전하다고 할 수 있는 것이죠.

신탁사가 분양대금을 직접 받는 것이 아니라 시행사나 시공사가 분양대금을 받아서 자금관리를 한다면 매우 위험하다고 할 수 있는데, 요즘은 상가나 오피스텔 등의 수익형 부동산 선분양 시 대부분 신탁사에 자금관리를 위탁하고 있기 때문에 꽤 안전하다고 할 수 있습니다.

물론 100% 안전하다고는 할 수 없지만 그래도 **시행사나 시공사보다 신탁사가 분양대금 등에 대한 자금관리를 한다면 훨씬 안전하다는 것**입니다.

## 준공 여부

도시 상업지에서 건물을 짓다가 멈춰선 후 오래 방치된 흉물스러운 현장을 어렵지 않게 종종 볼 수가 있는데, 이런 현장 대부분이 시행사, 시공사가 자금관리를 직접 하면서 짓다가 공사대금 지급 등의 금전적인 문제가 발생해서 멈춘 거라고 할 수 있습니다.

그러나 분양 받은 계약자의 계약금과 중도금 등의 분양대금을 시행사나 시공사가 직접 받지 않고 신탁사가 받아서 자금관리를 한다면 시행사나 시공사가 혹시 부실화되더라도 건물 공사가 멈출 확률은 매우 낮아지게 됩니다.

현장 토지도 신탁사에 수탁되어 있고 건설공정에 맞게 신탁사는 건축비용을 건설사에 그때그때 자금을 집행하기 때문에 안전하고, 시공사가 부실해지고 부도가 날 정도라서 건물공사 진행이 더 이상 어렵게 되는 최악의 상황이 발생할 경우에도 신탁사는 시공사를 교체해서라도 계획된 건물을 준공할 수 있게 관리를 할 수도 있다는 점에서 중도에 건물공사가 멈출 가능성은 매우 낮다고 분석됩니다.

특히 신탁관리 중에서도 **자금관리만 하는 관리신탁보다 신탁사가 시행부터 준공까지 모두 책임지는 개발신탁이 훨씬 더 안전**하다고 볼 수 있는데, 개발신탁으로 진행될 때에는 신탁사가 시행사가 되기 때문에 사업자체의 안전성이 매우 크다고 할 수 있습니다.

## 07. 부동산 침체기의 현명한 소형 부동산 선택방법

언론보도를 보면 요즘 수도권이나 신도시 주변에는 신규 오피스텔 등의 소형 수익형 부동산 분양이 크게 증가한 것을 쉽게 알 수 있습니다. 아무래도 1~2인 가구의 증가, 부동산 수요의 소형주택으로의 이동 추세와 무관하지 않은 것 같습니다. 또한 건설업자 입장에서도 수요와 공급의 법칙에 의해서 수요가 많은 오피스텔 등의 소형 부동산 쪽으로 공급을 늘릴 수밖에 없는 것이겠죠.

문제는 수도권 신도시에 웬만한 상업지 부지만 있다면 너도나도 오피스텔 등의 소형 부동산을 신축한다는 것이며, 아직은 증가 폭이 커지는 1~2인 또는 소형가구의 수요가 많아서 공급과잉에 대한 부작용은 나타나고 있지 않지만 분명한 것은 공급이 수요보다 많아지는 시기가 오거나 부동산 불경기가 장기간 지속되게 되면 아무리 수도권 소형 주거공간인 오피스텔이라도 옥석이 가려질 것입니다.

그런 점에서 앞으로 **부동산 침체기가 오더라도 살아남을 오피스텔 같은 소형 부동산을 선별하는 것은 매우 중요한 요소이며 투자하기 전에 다음의 네 가지는 반드시 검토해야 할 것입니다.**

### 토지개발 정책의 변화를 알아야 한다!

어떤 투자든 간에 국가의 정책을 잘 파악하고 앞을 내다보는 것은 매우 중요합니다. 소형 부동산 투자에 앞서서 국가의 국토개발 정책의 변화를 알아보는 것도 꼭 필요합니다.

제4차 국토종합개발계획은 2000년도에 수립되었으며, 2005년도에 1차 수정안을 거쳐서 2011년 1월 18일에 국무회의에서 의결되었습니다. 이 계획은 2011년부터 2020년까지 전국을 역세권 중심의 도시로 'ㅁ'자, 'x'자형으로 개발 육성함으로써 전국을 90분대 1일

생활권으로 만들고, 인구분산을 통해서 지역경제 활성화와 주변지역의 고용창출 효과를 극대화하는 것이 목표라고 합니다.

이러한 정부 정책으로 인해서 현재 구축 중인 국가철도망구축사업('×'자형)은 2025년 완료가 될 것으로 예상되는데, 이러한 국가 정책의 결과에 의하면 중부지방에서도 20~30분대면 서울 강남이나 서울 중심부로 이동할 수 있고 전국이 철도역을 중심으로 90분대의 1일 생활권 시대가 되기 때문에 앞으로는 수도권만을 고집할 이유가 없게 되는 것입니다.

따라서 전국이 1일 생활권으로 변모한다는 점에서 이제는 오히려 수도권이라도 베드타운 주변의 오피스텔 등의 소형 주택은 매우 어려워질 수 있다고 생각하며, 반면에 수도권은 아니더라도 산업단지가 몰려 있는 초역세권이라면 지방이라도 그 가치가 더 높아질 수 있을 것이라고 생각합니다.

특히 수도권의 교통환경이 좋은 역세권이면서 산업단지나 산업체 또는 대학교가 몰려 있는 곳이라면 부동산 침체기가 오더라도 크게 흔들리지 않고 오히려 상대적으로 투자수익률은 더 높아 질 수 있다고 예상되기 때문에 이러한 입지조건을 잘 살펴볼 필요가 있습니다.

### 산업단지의 근접 여부

불황의 여파에도 산업단지가 주변에 위치해 있는 소형 부동산은 크게 흔들리지 않는다는 것은 대부분의 부동산 전문가들의 일치된 의견입니다.

이러한 것은 이미 일본에서 교훈을 얻고 있습니다. 일본의 잃어버린 20년의 기간에 수도권이라도 베드타운의 주거지 주변 부동산은 거품이 꺼지는 직격탄을 맞았으나, 지방이라도 산업단지가 몰려 있는 역세권의 소형 부동산은 큰 흔들림 없었고, 오히려 수익률이 더 오르는 곳도 있다는 점을 곱씹어봐야 합니다.

즉 **주변이 산업단지로 둘러싸여 있는, 지방의 초역세권 입지의 소형 부동산이라면 앞으로 어려운 상황이 오더라도 수도권의 베드타운 오피스텔보다 더 살아남을 확률이 매우 높을 것이라고 전망**되는 것입니다.

## 문화와 즐길 거리가 있는 곳

1~2인 가구가 2045년에는 전체 가구 수의 약 70% 이상에 달할 것이라고 통계청(미래가구 예측 연구자료)에서 발표했듯이 앞으로의 인구구조가 급격히 재편될 것으로 예상됩니다. 이에 경제원리에 따라 부동산도 오피스텔이나 레지던스 등의 소형 부동산의 투자가치가 더 높아질 것으로 전망되고 있습니다.

그러나 1~2인 가구가 거주할 수 있는 오피스텔이나 레지던스라고 해서 모두가 성공하기에는 쉽지 않을 것입니다. 요즘은 오피스텔이나 도시형 생활주택 등의 소형 부동산이 넘쳐나서 공급과잉이라는 우려의 목소리까지 나오고 있는 상황입니다.

즉 예전처럼 분양을 위한 구조의 세대 수를 최대한 늘려서 **빼곡하**게 지어 놓은 답답한 형태의 주거공간 구조로서는 앞으로 성공하기 어려울 수 있다는 것이며, 좀더 쾌적하고 특화된 서비스의, 문화가 살아 있는 곳이 성공할 확률이 높다는 것입니다.

결국 오피스텔 등의 소형 부동산은 이제 잠만 자고 일만 하는 곳에서 주거기능은 기본이고 고급호텔급의 서비스가 지원되고 더 나아가 휴양하고 즐기고 힐링할 수 있는 문화와 즐길 거리가 가득한 곳이거나, 주변에 그런 문화를 체험할 수 있는 공간이 위치한다면 아무리 부동산 침체기가 오더라도 경쟁에서 살아남을 부동산이 아닐까 생각해 봅니다.

특히 주변에 문화와 먹거리, 볼 거리, 즐길 거리가 풍부하다면 더 좋은 조건이라 할 수 있습니다. 소형 부동산 주변에 공연, 이벤트, 버스킹, 전시회, 쇼핑 등을 즐길 수 있는 곳이 있다면 사람들이 몰리고, 사람들이 몰리면 임대와 장사가 잘되고, 그러면 수익률이 올라가고, 수익률이 오르면 땅값과 건물 값이 오르는 것은 기본이라서 이런 요소는 매우 중요하다고 생각합니다.

### 관광객이 풍부한 관광지

외국인 관광객이 풍부한 국제적인 관광지는 국내 부동산 침체기와 거의 관련이 없는 부동산의 틈새시장이라 할 수 있습니다.

수익형 부동산 투자하지 마라! 이걸 알 때까지!

국내 부동산이 침체기라면 내수부진과 경기침체가 거의 같이 동반되는 현상이라서 이럴 때에는 외국인 관광객이 풍부한 제주도 등의 국제적인 관광지가 틈새 부동산 시장으로서 유망할 수 있습니다. 이런 관광지라면 부동산 침체기 등의 국내 경제상황에 휘둘릴 확률이 없거나 거의 연관성이 없을 수 있으며, 꾸준한 외국인 관광객의 유입 효과로 매출이나 소득이 정상적으로 유지될 확률이 높습니다.

따라서 **제주도 같은 국제적인 관광지라면 레지던스 등의 소형 부동산의 숙박 수요가 지속적으로 풍부할 것이라는 점에서 부동산 침체기에 소형 부동산 투자 대상으로 상당히 적정할 수 있다고 분석됩니다.**

## 08. 소형 수익형 부동산도 위치가 생명이다

일반적으로 상가는 위치가 거의 성패를 결정한다고 하며, 4거리 코너 상가, 대로변 상가, 출입구 상가, 이동 동선에 위치한 상가 등 등 '상가는 위치다!'라는 말이 생길 정도로 상가는 위치가 매우 중요합니다.

그런데 레지던스 등의 소형 부동산도 마찬가지로 어디에 위치하는지가 그 물건의 생명이라 할 정도로 매우 중요합니다.

예를 들어 역세권 위치로서 500미터 이내에 역이 위치하는지 여부와 주변 역세권역에 임대수요가 많은 산업단지나 기업체가 위치하는지의 여부, 또는 주거환경이 쾌적한 곳에 위치하는지의 여부, 편의시설 접근성이 좋은지 여부 등등 상가 못지 않게 소형 부동산도 위치가 매우 좋아야 합니다.

정리해보면 오피스텔 등의 소형 부동산의 투자가치가 높은 위치는 다음 네 가지를 충족한다면 최고라 할 수 있습니다.

**첫째, 약 500미터 정도 이내에 전철역이 위치해 있어야 한다.**
소형 부동산의 주요 입주자들은 20~40대의 젊은 직장인이 대부분이라는 점에서 대중교통(전철)을 이용하여 쉽고 빠르게 이동할 수 있기를 원하기 때문에 역세권의 위치는 매우 중요한 요소입니다. (단, 제주도 등의 관광지는 제외)

**둘째, 주변 배후수요가 풍부한 곳에 위치해야 한다.**
주변에 소형 부동산의 직접적인 수요가 될 수 있는 기업체나 산업단지 또는 관광지 등이 위치해야만 임대수요가 풍부할 수 있기 때문에 배후수요의 위치도 매우 중요한 요소입니다.

**셋째, 쾌적한 주거환경에 위치해야 한다.**
역세권이면서 주변에 배후수요가 많다고 하더라도 소음이 심할 수 있는 모텔촌이나 유흥가촌에 위치한다면 바람직하지 않으며, 조용한 공원 옆의 쾌적한 주거환경이라면 최상의 조건입니다.

**넷째, 편의시설 접근성이 좋은 곳에 위치해야 한다.**

가능하면 백화점, 대형마트, 아웃렛, 병원 등 일상생활에 꼭 필요한 편의시설 접근성이 좋은 곳에 위치해야만 살기 좋은 곳이란 평가로 인해서 풍부한 임대수요를 기대할 수 있습니다.

**다섯째, 문화체험의 접근성이 좋아야 한다.**

소형 부동산은 잠만 자는 곳에서 이제는 문화생활을 누릴 수 있는 곳으로 변해야 하며, 해당시설에서 어렵다면 주변에 공연이나 쇼핑, 버스킹 등을 즐기는 차 없는 거리 등의 문화시설이 위치한다면 소형 부동산의 경쟁력이 상승할 것으로 예상됩니다.

**여섯째, 숙박시설이라면 관광객이 많이 몰리는 곳이 유리하다.**

호텔이나 레지던스 등의 숙박시설이라면 당연히 수요가 많을 수 있기 때문에 관광객이 많이 몰릴 수 있는 유명한 관광지가 소형 부동산의 입지로서 더 유리할 수 있습니다.

**일곱째, 투자가치가 높은 곳이 유리하다.**

소형 수익형 부동산이라도 투자기간에 따라 시세차익을 볼 수 있다면 금상첨화가 되겠죠. 당장의 임대수익률도 중요하지만 땅값이 지속적으로 오를 수 있는 곳에 소형 부동산이 위치한다면 투자가치가 높기 때문에 향후 임대료 수익 외에 시세차익도 예상된다는 점에서 이런 곳이라면 최고의 위치로서 투자에 유리하다고 판단됩니다.

## 09. 이제 상가는 입지만으로 성공하기 어렵다

일반적으로 상업용지 같은 곳의 근린상가는 상권이 활성화되어 성공하려면 위치나 배후수요 등의 입지가 무조건 좋아야 한다는 생각이 오랜 전통적인 투자자들의 생각일 것입니다.

그러면 이렇게 입지만 좋으면 성공할까요?

요즘 시대에는 위치 좋은 곳이라고 해서 또는 배후수요가 많다고 해서 쉽게 상권 활성화가 되어 상가가 성공하는 것은 아닙니다.

시대가 변했고 계속 변하고 있습니다.

인터넷의 발달과 트위터, 페이스북, 카카오톡 등의 SNS(Social Network Service) 활성화 등의 영향으로 오프라인의 입지도 중요하지만 이러한 온라인 활동도 매우 중요시해야 하는 시대가 도래했습니다.

SNS 등의 발달은 상가의 상권에 여러 가지 영향을 미치게 되는데, 위치가 좋지 않은 외곽이나 허름하고 구석진 곳에 있는 맛집, 젊은이들의 관심을 끄는 멋 집 또는 이벤트나 공연 등이 열리는 곳이 있다면 인터넷이나 SNS를 타고 퍼져 나가 썩 좋지 않은 입지임에도 사람들이 몰려드는 현상이 나타나고 있습니다. SNS나 인터넷의 발달은 이렇게 상권 자체를 변모시키고 있는 것이죠.

그래서 최근 상가투자의 성공 트렌드는 전통적인 입지는 기본이고 여기에 더해서 그 상가나 주변 지역만의 독특한 문화가 있어야 성공할 확률이 높아진다는 전문가들의 발표가 이어지고 있습니다. 이는 사람들이 많이 몰리는, 또는 이동 동선에 위치하는 입지조건에 그 상가만의 사람들을 끌어 모으는 독특한 문화가 가미된다면 그 상가의 상권 활성화에 아주 큰 도움이 된다는 것입니다.

이젠 그냥 입지만 좋은 곳을 차지하고서 다른 상가와 비슷한 MD의 구색을 맞추어서는 쉽게 성공하기는 어려운 시대인 것 같습니다.

반면에 입지가 좀 떨어지더라도 독특한 문화나 개성 있는 아이템으로 무장한 곳이 있다면 SNS의 발달로 변두리나 뒷골목까지도 찾아가는 시대가 온 것이죠.

따라서 앞으로의 상업용지의 상가는 입지나 상가 본연의 기능 외에 그 상가만의 또는 그 지역만의 독창적인 MD와 문화가 있어야만 사람들을 더 끌어 모을 수 있으며, 상권 활성화에 기여할 수 있습니다.

## 10. 변화하지 않는 곳은 살아 남을 수 없다

상가 수익률은 나날이 줄어들고 서울의 대표적인 상권에서의 공실률도 높아만 간다는 신문기사나 방송 뉴스를 요즘 많이 접할 수 있습니다. 자영업의 80%는 5년 이내 문을 닫거나 폐업한다는 기사도 종종 볼 수 있습니다.

## 왜 이렇게 어려울까요?

원인은 여러 가지가 있을 수 있지만 IMF보다 더 어려운 경기침체와 고물가, 고금리 그리고 소득감소가 주원인일 수 있으며, 여기에 경제활동인구의 감소도 한몫한 것으로 생각합니다.

경제활동인구는 15~64세의 연령자로서 경제의 주체라고 할 수 있는데, 이들이 매년 수천 명에서 수만 명씩 줄어든다는 국책기관의 연구서가 발표되는 등 저출산과 고령사회 진입으로 우리나라 경제활성화의 걸림돌이 하나 더 생긴 것 같습니다.

이렇듯 최악의 불경기 속에서 소비주체가 줄어들거나 소득감소로 점포 장사가 안 되고 매출이 떨어지니 공실이 발생하고 상가의 수익률이 낮아지는 것으로 분석됩니다.

지금까지 상가는 입지조건에 따라 성패가 거의 결정되는 부동산으로서 위치가 가장 큰 영향을 미치는 것으로 여겨져 왔습니다.

이러한 상가의 전통적인 성공입지는 대로변 상가, 코너 상가, 골목 상가 등으로 구분되기도 합니다. 즉 공통적으로 눈에 잘 띄고 소비자의 접근성이 좋아야 한다는 공통점을 가지고 있습니다.

하지만 시대는 변해가고 있으며, 인구구조나 가족형태 그리고 미디어의 발달 등으로 상가도 이러한 변화에 적응해서 진화하지 않고 위치만 좋으면 된다는 전통적인 상가투자 방법만 고수한다면 쇠퇴할 수밖에 없습니다.

물론 사람들이 많이 지나다니는 곳에 위치한 상가라면 노출이 잘되기 때문에 매출 올리는데 유리할 수 있지만 그것만 믿고서 인터넷, SNS 등을 통해서 소비자와 활발한 교류나 소통을 소홀히 한다면 서서히 위기를 맞이할 수도 있습니다.

또한 단순히 물건을 판매하거나 서비스하는 데에만 주안점을 두고 소비자의 주목을 끌 수 있는 차별화된 공연이나 이벤트 등의 문화마케팅을 소외시하거나, 이런 문화마케팅을 펼치는 곳과 관련 없는 지역에 위치한다면 이 또한 시대의 흐름에 역행하는 것이라 생각되며, 당장은 아니겠지만 결국은 위기를 맞이할 수도 있다고 예상됩니다.

따라서 구멍가게나 분식점 같은 소규모 점포에서 대형 프렌차이즈 음식점까지 모든 상가는 시대의 흐름을 읽고서 그 진화해가는 구조와 트렌드에 맞게 마케팅도 같이 진화를 시켜줘야 최종 승자가 될 수 있습니다.


## 11. 금리 상승과 부동산 투자

요즘 대출금리가 상승기라서 오피스텔이나 레지던스 등의 수익형 부동산 분야는 커지는 대출이자 부담과 낮아지는 임대 수익률 때문에 투자가 조금 위축된 것이 사실입니다.

특히 대출 규모가 상대적으로 큰 상가투자의 경우 금리상승의 여파가 매우 크다고 할 수 있는데, 그러면 오피스텔 같은 소형 부동산의 경우는 어떤 영향을 받을까요?

오피스텔 등의 소형 부동산 투자의 경우 보통 분양가의 약 50~60% 정도를 대출로 해서 분양을 받으며, 대부분 실투자금 규모가 대략 40~50% 정도입니다.

현재 시중은행 담보대출 금리는 약 연 4% 초반 정도로서 당분간 금리가 상승할 것이란 예측에 의해서 평균 연 4.0% 중반 정도까지 상승할 것으로 예상됩니다. 2~3년 전 연 2% 중후반의 수치보다 약 2% 정도 높은 수치인데, 이것은 이만큼 수익률이 낮아진다는 것을 의미하며, 레지던스나 오피스텔의 연수익률(세전)이 약 8%라 가정하면 약 연 6% 정도로 수익률이 줄어드는 결과입니다.

하지만 소형 부동산의 대출 규모가 상가에 비해서 상대적으로 매우 낮기 때문에 그 영향력은 크지 않을 예정이며, 은행의 예금 금리가 현재 약 2% 정도로서 금리 상승기라 하더라도 아직도 은행에 자금을 묻어두는 것보다 오피스텔 등의 소형 부동산에 투자하여 임대수익을 보는 것이 훨씬 유리한 상황입니다.

또한 대부분의 선분양하는 레지던스나 오피스텔 등의 소형 부동산은 약 2년 후에 입주를 하는데, 금리는 일정한 경기 사이클에 따라 오르고 내리는 것을 반복하므로 약 1~2년 뒤에는 다시 금리 하락기로 접어들 가능성이 매우 큽니다. 따라서 입주하기 전까지 중도금은 대부분 무이자 융자가 지원되므로 현재의 금리상승은 투자가치가 높은 유망한 소형 부동산이라면 투자에 두려움을 가질 정도로 크게 문제가 되지 않을 것이라 분석됩니다.

## 12. 고수는 위기를 기회로 활용한다

요즘은 금리 상승과 대출규제 그리고 수익률 하락 등의 3중고로 인한 부동산 투자의 불황기라 할 수 있습니다. 이러한 투자환경으로 인해서 투자자는 위축될 수밖에 없으며, 대다수 관망하거나 안전지대로 자금을 숨기는데 급급할 수 있습니다.

사람의 심리는 거의 같다고 할 수 있는데, 주식시장을 예로 들면 시장이 상승기라고 하면 너도나도 이에 편승해서 묻지마 투자를 하게 되며, 시장 자체가 대세 상승의 결과에 따라 일부 수익을 보는 경우도 있겠지만 이렇게 따라 하는 개미들은 결국 작전세력과 기관의 먹잇감이 되곤 합니다. 또한 어떤 이슈에 의해서 장이 출렁거리면 영락없이 당하고 마는 투자자가 개미라 할 수 있습니다.

결국 남이 하니까 상승기라서 따라 하다가 작전세력의 먹잇감이 되거나 찔끔찔끔 수익을 내다가 왕창 잃어버리고 눈물을 머금고 손절매를 하게 되죠. 이런 일은 저도 많이 경험해봐서 이해가 잘

됩니다.

**그러나 준비된 고수는 다릅니다.**

시장을 읽고서, 출렁거리거나 묻지마 식의 개미들이 시퍼렇게 질려서 투항(投賣)할 때 저가에 매수해서 다시 조용해지고 정상궤도로 올라설 때 개미한테 최대한 높여서 파는 것이죠.

이렇게 고수가 투자의 기본으로 여기는 것은 주기적인 경제 사이클을 연구한다는 것입니다. 불황이 있으면 호황이 있고 잘 되다가도 안 되는 경우도 있다는 경제 사이클, 이 주기는 거의 몇 년마다 바뀐다고 합니다.

그래서 고수들은 이러한 경제 사이클을 연구해서 일반 투자자가 기겁하고 무서워할 기간에도 준비된 자금과 플랜으로 투자를 하고 느긋하게 경기 사이클이 변동할 때를 기다리고 있는 것이죠.

**그러면 지금은 어떤 때인가요?**

이미 부동산 불경기에 진입한 상황으로서 대부분의 일반투자자들은 시장의 어두운 그림자 요소(금리상승, 경제지표 악화, 내수부진, 보유세 강화 등)의 두려움에 떠는 그야말로 한층 위축된 상황입니다.

현재는 분양이 잘 안 되고, 미분양 물건이 늘어나며 거품이 빠지고 있는 상태로서 적정한 투자금과 좋은 계약 조건 등으로 우수한 조건의 물건을 잡을 수 있는 절호의 타이밍이라고 할 수 있습니다.

일반 개미 투자자나 초보 투자자가 두려움에 떨고 있을 때 고수들은 가성비 높은 쇼핑을 하거나 저가 매집하는 매매타이밍으로 보고 있는 것이죠.

그래서 불경기에는 빈익빈 부익부 즉 가진 자의 소득은 대폭 더 늘어나며 서민들은 더 어려워지는 것 같습니다. 결국 불황에 임하는 생각과 행동이 고수와 하수의 차이가 아닐까 생각됩니다.


## 13. 분양 시점에 싼 것은 싼 게 아닐 수 있다

상가나 오피스텔 등의 수익형 부동산 분양 현장 현수막이나 지면 광고 등을 보면 파격 분양가, 대폭할인, 주변보다 매우 싼 분양가 등 의 홍보문구를 내세우는 경우가 많은데, 액면 그대로 부동산의 분양 가가 싼 게 좋은 걸까요?


동일한 조건과 동일한 서비스라면 보다 저렴한 분양가인 부동산 이 더할 나위 없이 좋겠죠. 그러나 동일한 조건과 서비스의 부동산 은 거의 없으며 동일한 구조나 서비스라고 하더라도 토지라는 고유 의 부동산 특성상 위치가 서로 다르기 때문에 그렇겠죠. 그래도 비 슷한 조건이라면 조금이라도 싼 게 더 좋은 것이겠죠.

따라서 **위치적으로도 바로 옆이나 주변이면서 비슷한 구조나 서 비스라면 저렴한 분양가의 부동산이 유리할 수 있지만, 구조나 서 비스가 다르다면 잘 판단**해봐야 합니다. 우리 속담에 "싼 게 비지 떡"이라는 말이 있듯이 무조건 싼 게 좋은 것만은 아니며, 왜 싼지 그 이유가 있을 것입니다.

또한 지금은 싸다고 하지만 오픈 후에 수익률이 따라 주지 않으면 오히려 싼 게 아니라 역으로 저수익률이나 손실이 발생할 수 있다는 점에서 비싼 것이라 할 수 있겠죠.

특히 부동산의 경우는 좀 싸다고 해서 괜찮겠지 생각하고 덥석 잡았다가는 낭패를 볼 수 있기 때문에 상당히 조심해야 할 필요가 있습니다. 비싼 곳은 비싼 이유가 있고, 싼 곳은 싼 이유가 있다는 뜻입니다. 하물며 마트에서 구입하는 생필품도 아닌 수억 원이나 되는 부동산을 구입하는 것이므로 싼 이유가 무엇인지 확인해야 할 필요가 있습니다.

인구구조의 변화, 주거 트렌드의 변화, 수요자의 취향 변화 등 부동산에 영향을 주는 요소가 시시각각 변해가는 작금의 상황에서 싸다는 것의 이유를 알아보고 먼 미래의 주거문화 트렌드까지 염두에 둔 투자가 필요합니다.

따라서 레지던스나 오피스텔이 싸다는 것은 분양할 때의 분양가로 판단할 것이 아니라, 입주 후의 가치나 투자성을 보고 판단해야 할 문제라는 점 꼭 명심해야 합니다.

**결론적으로 거주환경도 좋지 않고 교통도 별로인 외곽의 싼 부동산보다는 중심지 다운타운의 최상의 환경에 있는 부동산이 당장**

비싸 보이지만 오픈 후에는 시세차익이 높고 공실율이 낮아 실질적으로 더 저렴할 수 있다는 것이 필자의 생각입니다.

## 14. 로열 호실은 어디일까?

아파트를 분양 받을 때 대부분 로열 동호수에 당첨되거나 또는 잡기를 원합니다. 아무래도 살기도 좋고 시세차익을 더 많이 낼 수 있다고 생각하기 때문일 것입니다.

오피스텔이나 레지던스 같은 소형 수익형 부동산도 마찬가지이며, 해 잘 들고 전망 좋은 로열 호실을 잡는다면 아마도 바로 피가 붙어서 전매하여 시세차익을 낼 수도 있을 것입니다.

**그러면 레지던스 등의 소형 부동산의 로열 호실은 어디일까요?**

일단 자신의 자금력과 취향에 맞는 호실이라면 그 호실이 로열 호실이라 할 수 있습니다. 자신의 보유 자금 수준을 감안해서 그에 맞는 호실이 본인에게는 최고의 로열 호수가 되는 것이며, 남향보다 전망 좋은 북향이 좋다면 북향의 해당 층 호실이 로열 호실이 되겠죠.

그런데 대부분의 투자자들이 생각하는 로열 호실은 남향이나 동향의 기준 층 이상을 말하는데, 향후 환금성이 좋고 시세차익이나 임대 놓기가 유리할 것이라고 생각해서 그런 것 같습니다.

보통 레지던스 투자를 결정했다면 어느 방향의 몇층 어느 호실을 선택해야 하는지도 사실 큰 고민일 수 있습니다. 대부분의 투자자들은 남향이나 동향의 기준 층 이상, 사이드보다는 중간 집의 해가 잘 들고 전망 좋은 곳을 먼저 선택해야 한다고 생각할 것입니다.

하지만 이러한 생각은 맞을 수도 있으나 틀릴 수도 있습니다. 레지던스를 분양 받아 아파트처럼 살 목적이 아니라면 투자자 입장보다는 숙박객이나 세입자 입장에서 향/층/호실을 판단할 필요가 있다고 생각합니다.

레지던스는 주로 단기숙박을 원하는 여행객이나 1~2인의 소형 가구가 거주하는 숙소 등으로 활용이 되기 때문에 투자자들이 생각하는 아파트 같은 주택의 기준으로 선택하는 것은 현실적인 모순이 약간 있어 보입니다.

즉 낮 시간은 거의 비우고 야간에 사용하는 시간이 대부분이기 때문에 임차인의 입장에서는 해가 잘 들어오는 것보다 뷰가 좋고 소음이 없는 조용한 향과 층을 더 원할 수 있다는 것이죠.

특히 대부분의 레지던스는 거의 일반 상업지에 위치하는 관계로 야간에 많이 소란한 모텔촌이거나 대로변에 노출되어 있어서 차량소음 등이 심할 수 있는 특징이 있는 등 아파트하고는 완전 다른 입지라 할 수 있습니다.

또한 숙박료나 임대료가 비싼 기준 층 이상의 세대보다는 조금이라도 저렴한 저층을 선호할 수도 있는 특수성도 있기 때문에 꼭 더 비싼 분양가의 기준 층 이상을 고집할 이유도 없다고 생각합니다.

따라서 **직접 들어와 살 곳이 아닌 투자 용도라면 향/층/호실은
투자자 본인의 입장보다는 숙박객이나 임차인의 입장에서 주로 원
하는 곳이 로열 호실**이라고 생각합니다.

## 15. 소형 수익형 부동산 비교분석

현재 소형 수익형 부동산에는 도시형 생활주택, 오피스텔, 분양형
호텔, 레지던스(생활숙박시설)가 대표적이며 각각의 기능은 다음과
같습니다.

📍 소형 수익형 부동산 비교표

| 구분 | 도생 | 오피스텔 | 분양형 호텔 | 레지던스 |
|------|------|----------|-------------|----------|
| 용도 | 공동주택 | 업무시설 | 숙박시설 | 생활숙박시설 |
| VAT | 환급불가 | 환급가 | 환급가 | 환급가 |
| 임대 | 주거용 | 주거용 &<br>사무용 | 숙박용 | 주거용 &<br>숙박용 |
| 숙박 | X | X | O | O |
| 취사 | O | O | X | O |
| 주거 | O | O | X | O |

| 환금성 | 양호 | 양호 | 낮음 | 양호 |
|---|---|---|---|---|
| 소유권 | 구분등기 | 구분등기 | 구분등기 | 구분등기 |
| 입지 | 주거지에 유리 | 상업지(역세권) 유리 | 관광지/ 상업지 유리 | 관광지/ 상업지 유리 |
| 관리 운영 | 직접 관리운영 (부동산) | 직접 관리운영 (부동산) | 전문업체 위탁운영 | 직접 관리운영 전문업체 위탁운영 |

위와 같이 레지던스는 도시형 생활주택, 오피스텔, 분양형 호텔 등과 비교했을 때 기능적으로 매우 월등하다는 결과입니다.

이렇듯 레지던스의 기능이 다양하다는 점은 상황변화에 따라 용도를 다각도로 변경할 수 있다는 것이며, 결과적으로 위기 상황에 대처하는 능력이 소형 부동산 중에서 으뜸이라고 평가됩니다.

### 16. 지키기 위한 수익형 부동산은 무엇인가?

최근의 부동산 투자 환경은 매우 불확실한 경제상황을 감안했을 때 투자를 하더라도 어느 때보다도 위험성이 높은 상품보다는 더 안전한 수익형 부동산을 선별해서 투자를 하는 것이 베스트라 할 수 있습니다.

이러한 관점에서 수익형 부동산이라 하더라도 가장 안전하다고 할 수 있는 상품을 찾아야 합니다.

수익형 부동산에는 상가, 오피스텔, 호텔, 레지던스, 토지, 소형 임대주택, 지식산업센터 등이 대표적이며, 각 상품의 위험성과 수익률은 각각 상품별로 서로 다른 용도와 입지조건에 따라 다를 수 있어서 지키기 위한 가장 안전한 상품을 찾기 위해 서로 직접 비교한다는 것은 적합하지 않습니다. 하지만 불확실한 미래 투자환경을 생각하면 그 상품의 활용도가 어느 정도 되는지 등의 기준이야 말로 지키기 위한 상품을 선별하는데 매우 중요한 요소라고 판단됩니다.

불확실한 미래 상황 변화에 맞게 대처할 수 있는 수익형 부동산의 대응력이 얼마나 되는지 평가할 필요가 있다는 것이지요.

위기 상황에 대처하지 못한다는 것은 결국 한 바구니에 계란을 모두 담는 형태로서 예상치 못한 어떤 외부의 충격에 한꺼번에 계란이 깨져버릴 수 있다는 것을 의미합니다. 그러나 여러 바구니에 계란을 나눠서 담는 형태라면 한 바구니가 엎어져도 다른 바구니들은 위험하지 않다는 점에서 위험성이 낮아 분산투자의 개념이 됩니다.

결국 수익형 부동산에서 가장 상황대처 능력이 뛰어나고 분산투자의 개념으로 보았을 때 다용도로 활용 가능한 것은 레지던스로 보이며, 레지던스가 위기상황에 잘 대처할 수 있다는 점에서 가장 유리할 수 있다고 분석됩니다. 상황에 따른 변화무쌍한 활용도는 수익형 부동산의 왕이라 할 수 있는데 그런 면에서 레지던스는 위험에 대한 대처능력이 매우 뛰어나다고 평가되며, 상품 자체가 이미 분산

투자를 하고 있는 것과 같다고 할 수 있습니다.

따라서 **레지던스가 지키기 위한 수익형 부동산으로서 최고의 상품**이라고 생각합니다.

## 17. 1층 코너 상가를 쉽게 잡을 수 있는 방법

얼마전 동탄2 신도시 남동쪽 주거지역 부근의 한 상업용지 코너에 위치한 모 상가건물의 사전 청약이 있었는데, 청약계좌가 열리자마자 1층 전면과 옆면 쪽 코너 상가는 모두 청약이 완료되었던 적이 있습니다. 분양가도 낮지 않았고, 그것도 분양가의 10%를 청약금으로 걸어야 하는 상황이었는데 말이죠.

그러면 이 청약자들은 정보를 접한 뒤 하루 이틀 만에 청약을 하겠다는 결정을 했을까요?

적어도 며칠 이상은 검토해보고 현장도 확인한 후 청약을 결정하는 것이 정상이겠죠. 제가 알기로는 적어도 한 달, 많게는 몇달 전부터 이곳의 상가에 대한 정보를 입수하고 그에 대한 검토와 현장답사도 끝낸 투자자들인 것으로 압니다.

따라서 몇개월 전부터 사전 작업이 이뤄져 있기 때문에 신탁사 계좌가 열렸다는 청약개시 정보를 이때 처음 듣는 사람들은 이미 늦은 거죠.

사실 일정 규모 이상의 근린상가 등은 건분법에 의해서 건물 인허가를 득한 후 분양승인이 난 경우 일간지 등에 분양공고를 하고 분양에 대한 청약을 받는 것이 기본 절차인데요, 즉 분양공고의 내용인 일정 및 절차에 따라 청약자들을 대상으로 추첨이나 선착순 입금순 등으로 진행하여 상가 호수별로 분양받는 사람을 결정하는 것이 기본입니다.

하지만 대부분의 선분양 상가 현장에서는 이런 절차로 진행은 하되, 일부의 경우 분양공고 전 사전 청약자를 선착순으로 모집하면서 일명 깜깜이 분양을 하게 됩니다.

즉 인허가나 분양승인 전에 사전 영업을 통해서 투자(분양)를 원하는 투자자를 대상으로 선착순 사전 청약을 받고서 이후 인허가나 분양승인이 떨어졌을 때 사전 청약자에게 분양계약을 할 수 있는 우선권이나 결정권을 주며, 그 청약자가 계약을 하겠다고 하면 분양계약으로 전환이 진행되고 청약을 철회하겠다고 하면 다른 사람에게 분양기회를 주게 되는 것이죠.

이런 청약 방법은 거의 상가분양 업계의 관행으로 활용되고 있습니다.

그래서 분양공고(분양승인 후 일간지 공고)를 보거나 분양 소식을 듣게 된 시점에서는 사실상 좋은 호수를 잡기가 거의 어렵다는 것이죠.

따라서 청약 정보가 시중(인터넷, 부동산사무실 등)에 흘러 나오기 전에 작업을 해야만 1층 코너 상가나 로열 점포를 잡을 수 있는 기회가 있는 것입니다.

경험 많은 노련한 상가 투자자는 이러한 상가 현장의 분양 절차를 미리 파악하고 상가 분양직원이나 상가 전문가와의 네트웍을 매우 중요시 하는 경우가 많습니다. 결국 인맥을 형성해야 한다고 할 수 있으며, 1층 코너 상가, 대로변상가, 편의점/약국(독점상가) 등의 로열 점포를 잡기위해서는 청약 전 수개월 전부터 상가 청약 정보를 입수해서 작업을 할 수 있는 신뢰성 있는 분양 직원을 잘 알아두는 것이 가장 좋은 방법이라 생각합니다.

## 18. 못 믿을 국민연금의 대안은 뭘까?

최근 국민연금에 대해 대폭 손을 보지 않으면 기금의 고갈 시기가 예상보다 더 당겨질 수 있다며 연금수령 시기를 늦추고 보험료를 올려야 한다고 관련기관과 전문가들은 주장하고 있습니다. 이러한 상황에서 마음이 편치 않은 상황을 넘어 분노가 하늘을 찌를 듯 높고 아예 국민연금을 폐지하고 낸 보험료를 돌려 달라고 주장하는 국민들도 많은 것 같습니다.

이런 주장이 이해가 가는 건 필자도 마찬가지입니다. 계속적으로 국민연금 수령 시기가 변경되고 있고 보험료가 인상되는 등 더 이상 국민연금을 믿을 수가 없으니까요.

수익형 부동산 투자하지 마라! 이걸 알 때까지!

국민연금을 도입한 취지는 국민의 노후를 보장하기 위한 것입니다. 강제 징수를 해서라도 국민의 노후 연금을 보장하겠다며 시작되었죠. 하지만 처음부터 몇 년 앞을 내다보지 못한 근시안적인 계획으로 연금수령 시기나 보험료, 보험수가 등이 계속적으로 변경되자 이제는 국민연금공단에서 내세우는 국민연금의 기능과 효과를 믿는 국민들은 그리 많지 않은 상황입니다.

이런 상황에 이르게 된 것은 관리 운영을 잘 못하는 정부의 책임도 있지만 주 요인은 사회구조나 인구구조의 변화 때문이라고 생각합니다.

인구의 급격한 감소와 노령화로 보험료를 납입할 사람이 대폭 줄어드는데 반해 연금을 받는 수급 대상자는 급격하게 늘고 있습니다. 또한 수령자의 평균수명이 계속적으로 높아지면서 기금의 고갈이 빨라지는 것입니다. 그러니 연금보험료를 높이고 연금지급 시기를 뒤로 더 늦춰야 한다는 목소리가 힘을 얻고 있습니다.

사실 국민연금은 국민의 노후보장을 위해서 강제 징수를 해서라도 국가가 운영을 하겠다는 것인데, 강제 징수만 할 뿐 운영에 대한 책임이나 기금 고갈 등의 문제에 대해서는 국가가 책임을 지지 않는다는 것이 더 큰 문제가 아닐까요?

강제 징수를 해서 국민을 위해 운영은 하지만 문제가 발생되면 그 책임은 모두 국민들에게 씌워 버리는 아주 이상한 법이라는 것에 문제가 많은 것 같습니다.

강제로 보험료를 징수해서 운영을 하고 문제가 발생되면 국가가 아닌 국민이 책임을 지는 국민연금과, 강제로 운영하면서 문제가 발생하면 국가가 책임져주는 공무원연금/군인연금과는 하늘과 땅 차이가 난다는 것이 국민연금의 문제점입니다.

특히 기금이 고갈될 정도라 보험료를 올리고 연금수령 시기를 뒤로 늦춰야 할 상황임에도 불구하고 운영 관리하는 국민연금 관리공단의 구조조정이나 임금 삭감 등의 자구책은 전혀 없으니 국민들의 원성이 하늘을 찌르는 것 같습니다. 국민의 고혈을 짜내서 운영하는 것인 만큼 그에 맞는 실질적인 구조조정을 통해서 조금이라도 국민연금 기금 고갈을 막아야 할 것입니다.

이미 국민연금은 처음 시작 시점의 달콤한 유혹과 달리 우리의 노후를 보장해줄 수 없는 지경까지 왔으며, 앞으로 인구감소와 초고령 사회에 직면할 경우 현재의 조건보다 더 어려운 상황으로 치닫게 될 것으로 예상됩니다.

물론 기금이 고갈되면 적립 방식에서 부과 방식으로 변경해서 가입자가 납입하는 보험료로 연금 지급액을 충당하면 된다는 학자들의 견해도 있지만 인구 절벽에 의한 경제활동인구가 급격히 줄어들고 빠른 속도로 노령화가 진행되는 상황에서 이런 부과방식으로 운영한다는 것은 거의 희망사항일 것이라 예상됩니다. 따라서 우리는 국민연금만 바라보다가는 노후를 안심할 수 없기에 대안을 찾아야 합니다.

그러면 쪼그라드는 국민연금에 대처하기 위한 대안을 뭘까요?

국민연금과 국가를 믿지 못하겠다면 국민 각자가 준비하는 수밖에는 없습니다. 국민연금처럼 평생 수령이 가능한 개인연금 시스템을 개별로 준비하거나 투자해서 믿지 못할 국민연금을 보완해 나가는 수밖에는 방법이 없습니다.

인구감소, 고령사회 진입 등으로 국민연금은 예상보다 더 빨리 기금이 고갈되고 현저히 연금수령액이 줄어들 수 있기 때문에 이제는 우리들 자신이 준비해야 합니다.

### 개인연금보험 가입

국민연금이 애초 취지대로만 국민의 노후를 재정적으로 지켜준다면 최고라 할 수 있습니다. 그 이유는 평생 매월 일정 연금액을 수령할 수 있다는 점, 이민 등의 사유 외에는 사망 전까지 해지불가 하며 배우자가 사망하더라도 이어서 계속 수령할 수 있다는 점, 이혼하더라도 혼인 기간을 따져서 배우자도 계속 연금 혜택을 받을 수 있다는 점 때문입니다. 결국 국민연금은 죽을 때까지 안정적으로 일정 연금을 매월 꼬박꼬박 받을 수 있다는 점이 가장 큰 장점입니다.

따라서 국민연금을 믿지 못한다면 이러한 연금 시스템을 별도로 준비해야 합니다.

사망 전까지 종신형, 매월 수령, 사망 후 배우자가 이어서 받을 수 있는 기능, 그리고 이혼할 경우 분할까지 가능한 상품은 국민연금 외에 보험사의 연금보험이 적격이라고 생각합니다. 물론 기능적으로 개인연금보험은 국민연금의 100%를 만족할 수 없지만 어느 정도 국민연금의 기능을 충족할 수 있는 대안이라고 분석됩니다.

국민연금을 믿지 못한다면 개인 연금보험을 준비하는 것이 대안이 될 수 있습니다. 보험상품은 연금저축보험, 연금보험, 변액연금보험, 즉시연금보험 등으로 다양하며, 각 상품에 대한 세부적인 사항은 보험 전문가에게 상담 받기를 권유합니다.

### 주택연금 가입
국민연금처럼 종신토록 연금을 지급해주고 배우자가 사망하더라도 이어서 연금을 받을 수 있는 상품으로는 주택연금도 적당한 대안이 될 수 있습니다.

살고 있는 주택을 담보로 주택연금에 가입하고 종신토록 연금을 받는 시스템의 연금으로서 주택가격과 종류 등의 가입조건에 부합해야 가입할 수 있는 등 가입 조건의 까다로움은 있지만 잘만 활용한다면 못 믿을 국민연금의 대안으로서 적합할 수 있습니다.

감정가로 약 3억 원 정도의 주택이라면 월 90만 원(2018년 8월 기준) 정도를 수령할 수 있습니다.

### '소형 수익형 부동산 + 즉시연금' 활용

레지던스나 오피스텔 같은 유망 소형 수익형 부동산에 투자를 해서 일정기간 임대수익을 보다가 관리하기가 어려운 고령의 시기나 적정 시세차익의 시점에서 해당 물건을 매도하고 그 매도 금액으로 보험사의 즉시연금으로 갈아타서 종신토록 연금을 받는 방법도 있습니다.

약 2.3억 원에 70세의 어르신(남)이 즉시연금에 가입할 경우 현 2018년 8월 기준으로 약 월 90~100만 원 정도를 수령할 수 있습니다.

이에 대한 세부적인 사항은 '4부 실전 응용'의 '은퇴자금 설계 플랜'을 참조하기 바랍니다.


## 19. 공시지가는 해당 부동산을 판단하는 기준이 될 수 있다

최근 모델하우스를 내방한 손님과 상담하면서 현장의 공시지가에 대해 설명하던 중, 이 손님이 "대부분 분양현장에 가보면 해당 부지의 공시지가를 밝히기 꺼려하는 것 같은데 여기는 모두 공개를 하면서 설명을 해주니 상당히 믿음이 갑니다."라고 말씀해주신 적이 있습니다.

이 손님의 주장은 상당히 의미 있는 얘기로서 일부에서는 해당 현장의 공시지가를 공개하는 것에 거부감을 갖고 있는 것이 사실입니다. 왜냐하면 분양가에 비해서 공시지가가 아주 낮은 경우가 있기 때문이며, 이를 고객이 알 경우 아무래도 땅값 대비 분양가가 비싼 것이 아닐까 하는 의구심을 가질 수 있기 때문에 쉬쉬하는 것이겠죠.

그래서 이런 곳은 고객이 질문하기 전에는 나서서 해당 현장 토지의 공시지가에 대해서 알릴 필요가 없다고 주장하는 곳도 있습니다.

공시지가는 정부에서 1년에 한 번씩 해당 토지의 시세나 거래 등을 종합적으로 평가해서 결정한 공식적인 토지가로서 상당히 객관적이라 할 수 있습니다. 물론 시세와는 다소 많은 괴리가 있지만 어느 정도 객관적인 자료로서는 충분하다고 할 수 있습니다.

따라서 분양하는 부동산의 해당 토지에 대한 공시지가는 해당 부동산을 판단하는 기준이 된다고 할 수 있으므로 분양가를 평가할 수 있는 잣대가 되는 요소라고 생각합니다.

물론 공시지가가 높다고 해서 투자가치가 높은 것은 아니며, 공시지가가 낮다고 해서 투자가치가 낮은 것이라고 단정할 수 없지만 공시지가 대비 해당 부동산의 분양가를 따져 보면 해당 부동산이 고평가 되었는지 또는 저평가 되었는지를 판단할 수는 있다는 것입니다.

## 20. 역세권 토지에 절대로 투자해서는 안 될 사람들

요즘 부동산의 경기침체와 마땅한 투자처가 없다는 점, 또는 기대 수익률이 높고 소액투자가 가능하다는 점에서 역세권 토지에 대한 투자가 붐이라고 할 정도로 일반인들에게 관심을 받고 있는 상황인데요, 이런 때일수록 토지 투자의 특성을 잘 파악해서 투자에 성공할 확률을 높이도록 해야 할 것입니다.

이런 분위기에 휩쓸려 일부 영업사원은 역세권 토지라면 무조건 분양 받아야 한다고 주장하는 등 투자자의 투자환경은 고려치 않고 다소 무리한 투자를 요청하는 경우가 종종 있는 것 같습니다.

정말 영업사원 말처럼 그렇게 누구나 대박난다면 얼마나 좋겠습니까마는 어디까지나 수익률은 이전 개발사례를 참고한 예상일 뿐이며, 그렇게 안 될 수도 있는 위험성도 있다는 점에서 무리한 투자 권유는 매우 위험한 영업 행위가 아닐 수 없습니다.

그런점에서 역세권 토지에 투자해서는 안 되는 경우는 어떤 것들이 있는지 아래와 같이 분석해 봅니다.

### 여윳돈이 없는 사람

역세권 토지에 투자하려면 최소한 2~3천만 원 이상은 현금으로 보유하고 있어야 하며, 이 여윳돈을 1년 뒤 또는 2~3년 뒤에라도 다시 찾아서 써야 할 형편이라면 투자는 적합치 않습니다.

역사나 철도 노선의 공사가 진행되고 있는 어느 현장의 역세권 토지라 하더라도 역세권 개발이 진행되어 보상에 의한 수익을 보고 빠져 나오려면 적어도 3년 이상의 투자기간이 소요된다는 것이 일반적이기 때문에 내 수중에 몇 년 이상 투자금 자체가 없어도 될 만큼 금전적인 여유가 있어야 합니다.

따라서 그런 여유 자금이 아닌 단기간에 다시 써야 할 필요가 있는 자금이라면 역세권 토지 같은 토지 투자에는 절대 맞지 않다고 생각합니다.

### 지분투자의 단점을 모르는 사람

소액 투자자들은 대부분 공유지분 투자를 하는 경우인데요, 공유지분 투자도 향후 역세권 개발 시 꽤 높은 수익률을 기대할 수 있는 환지나 현금 보상을 받을 수 있습니다.

그런데 공유토지에 대한 지분투자는 다른 공유지분 투자자의 동의와 상관 없이 원하면 해당 토지 지분을 사고 파는 행위가 가능하다는 점에서 이론적으로는 중도에 시세차익을 내고서 지분을 내다 팔 수도 있습니다. 하지만 토지의 지분이라는 한계와 지분 거래 비활성화로 제값 받고서 개인이 되팔기는 쉽지 않은 것이 사실입니다. 그러니 급전이 필요해서 공유토지 지분을 시장에 내놓더라도 환금성은 매우 떨어질 수 있다는 것이죠. 따라서 환금성이 떨어지는 지분투자의 단점을 모르는 사람은 절대 투자해서는 안 된다고 생각합니다.

### 단기 수익을 원하는 사람

역사를 짓고 있거나 철도노선 공사가 착공되었더라도 그 주변 역세권 개발이 진행되려면 최소한 3년 이상의 긴 시간이 소요되며, 대부분 5년 이상 10년 정도의 중장기의 투자기간이 소요되는 것이 역세권 토지의 투자 특성입니다.

물론 중도에 일정 시세차익을 보고서 빠져나오는 방법으로 단기 수익을 낼 수 있다고 이론적인 주장을 할 수도 있지만 현실적으로 보편화되어 있지 않은 토지의 지분거래와 단필지의 규모상, 원하는 것처럼 되팔고 빠져 나오는 것은 말처럼 쉽지 않은 상황입니다.

따라서 이러한 역세권 토지의 낮은 환금성에 대한 투자 특성을 정확히 파악하지 못하고 단기 수익을 내고자 하는 투자자라면 절대 들어가서는 안 될 분야라 생각합니다.

## 원금 손실을 원치 않는 사람

역세권 토지의 기대수익률은 매우 높다고 할 수 있는데요, 그러나 기대수익률이 높은 대신 그만큼 투자 위험도 높다고 할 수 있습니다.

원금 손실을 보지 않는 안전한 투자라면 절대로 큰 수익을 낼 수 없다는 것이 투자의 불문율이라고 하는데요, 다른 부동산 수익률의 몇 배 이상의 수익률을 기대하는 역세권 토지의 투자라면 그 투자 위험도 다른 부동산의 몇 배가 될 수 있겠죠.

역세권 개발계획이 예상한 것과 다르게 추진되어 역세권 개발 대상지에 포함되지 않을 수 있는 리스크, 개발 진행이 지연될 수 있는 리스크, 강제 수용될 리스크, 역세권 활성화가 안 될 수 있는 리스크 등 역세권 토지에 투자하더라도 기대수익률만큼 손실 위험도 높기 때문에 투자금 손실을 단 10원도 허용치 못하는 투자자는 포기하고 당장 은행으로 달려가야 할 것입니다.

## 21. 은퇴자금 마련용으로 소형 수익형 부동산이 적정한 이유

은퇴자금을 마련하기 위해서 활용할 금융상품이나 부동산은 많으나 저는 1~2인 가구가 주로 거주할 수 있는 소형 수익형 부동산이 가장 적정하다고 생각합니다.

물론 투자자의 투자성향과 처한 상황에 따라 모두 다르겠지만 일반적으로 볼 때 소형 부동산의 활용으로 은퇴자금을 마련하는 것이 가장 적정하다고 생각하며, 그 이유는 다음과 같습니다.

### 마땅한 상품이 없다

현재 금리는 상승기라고 하지만 미국 등의 글로벌 금리상황에 맞추기 위한 금리상승이어서 사실상 우리나라 경제 현실에는 맞지 않는 왜곡 현상입니다.

경기침체, 소비침체, 기업실적 하락, 수출둔화, 실업률 증가 등 경제 전반에 걸쳐서 최악의 상황이기 때문에 우리나라는 투자 장려와 내수확대를 위해서 저금리로 가야 할 상황입니다.

하지만 우리와는 다르게 글로벌 금리 수준을 결정할 미국이나 유럽, 일본 등의 선진국은 사상 최고의 호황을 맞고 있어서 금리를 올려서 인플레이션 위험에 선제적 대응을 해야 하는 상황입니다.

미국이나 유럽의 선진국에서 자금을 차입해다 쓰는 우리로서는 국내 자금이 금리가 더 높은 외국으로 빠져나갈 것을 우려해 금리를 울며 겨자 먹기 식으로 올릴 수밖에 없습니다. 그렇지 않을 경우 외국자본이 썰물처럼 빠져나가는 현상이 발생하고 달러 부족으로 인한 외환위기를 초래할 수 있는 위험에 직면해 있습니다. 이런 상황에서 시중 대출금리는 선적용되어 오를 대로 올랐지만 예금금리는 예상만큼 올라가지 않고 찔끔찔끔 올리는 흉내만 내고 있죠.

그래서 금리 상승기라 하더라도 은퇴자금 등을 마련하기 위해서 은행의 예금이나 적금을 활용하는 것은 적당하지 않다고 생각합니다. 예·적금은 단기적으로는 약간의 도움이 될 수 있지만 장기적으로는 미국이나 유럽이 불황을 맞이하게 되면 저금리 카드를 또 꺼내들 수밖에 없기 때문에 저금리가 더 심화됨으로써 은행의 예금 적금은 은퇴자금 마련용으로는 좋은 방법이 아니며, 안전하게 보관하는 수준을 넘어서기 어려워 보입니다.

예전 은행예금 금리가 높을 때는 은행에 넣어 놓고 이자 받아가면서 은퇴자금으로 활용하는 방법이 가장 안전하고 좋은 방법이었지만 이제는 저금리와 목돈을 보유함에 따른 사기 등의 위험 때문에 바람직하지 않다고 생각합니다.

### 인구구조의 변화

우리 가족의 변천을 살펴보면 '대가족(3대에 걸친 가족) → 핵가족(3~4인) → 소가족(1~2인)'의 형태로 변화되고 있으며, 이미 2015년 서울시 1~2인 가구 비율이 52%를 돌파했습니다. 2026년에는 60%를 넘어설 것으로 전문가들은 예상하고 있습니다.

특히 요즘은 결혼을 하지 않는 젊은 층이 늘어가고 결혼 연령대도 꽤 높아졌으며, 또한 자녀를 잘 낳으려 하지 않을뿐더러 낳더라도 1명 정도가 거의 대부분이라고 합니다. 거기에 이혼율은 상대적으로 높아서 결혼 3쌍 중 1쌍은 이혼을 한다고 합니다.

이러한 사회적인 영향으로 1~2인의 소형가구가 3~4인 가구보다 더 많아질 정도로 점차 늘어나고 있는 것입니다.

이렇듯 혼자 살거나 또는 둘이 사는 가구가 늘어나 보니 방 2~3개의 아파트 수요보다 원룸이나 1.5룸 정도의 오피스텔이나 레지던스 같은 소형 부동산의 수요가 증가세를 이어갈 것으로 예상되기 때문에 이러한 가족구조의 변화는 분명히 소형 부동산 투자에는 기회요인이라 할 수 있습니다.

### 환금성이 높다

1~2인이 거주하기에 적당한 오피스텔, 레지던스 등의 소형 수익형 부동산은 전반적으로 인구구조의 변화 등으로 수요가 풍부하며, 수익률도 부동산 중에서 가장 안정적으로 낼 수 있는 상품으로서 수요가 많고 수익률이 높다 보니 쉽게 매매가 가능할 수 있습니다.

또한 앞으로도 이러한 1~2인 가구가 거주하거나 이용할 수 있는 소형 부동산은 꾸준한 수요의 증가가 예상되므로 투자가치도 높다고 볼 수 있으므로 매매가 활성화되어서 환금성도 높을 것으로 예상됩니다.

## 평생연금 형태로 유지가 가능하다

은퇴자금 마련용으로 오피스텔이나 레지던스 등의 소형 수익형 부동산에 투자해서 임대소득을 올린다면 매월 연금을 받는 형태로 월세를 받을 수 있어서 평생 연금을 받는 것처럼 은퇴자금을 마련할 수 있습니다.

## 소액투자도 가능하다

은퇴자금을 마련하기 위한다면 가장 큰 걸림돌이 투자자금일 것인데, 1~2인을 위한 소형 부동산은 몇천만 원의 실투자금으로도 마련할 수 있기 때문에 비교적 소액으로도 투자가 가능합니다.

물론 일부는 담보대출을 이용하는 것이기 때문에 몇천만 원 정도의 소액으로도 가능하며 대출이자를 빼더라도 적지 않은 수익률을 낼 수 있기도 합니다.

## 입지에 따라 시세차익도 가능하다

물건을 분석하다 보면 향후 일정기간 후에 시세차익을 낼 수 있는 소형 부동산도 있으며, 지가 변동률이나 향후 해당지역의 발전성, 주변 수요 등을 분석했을 때 유망한 투자가치를 지닌 물건을 찾을 수 있습니다.

따라서 이런 물건의 경우 일정 기간 후 시세차익이 발생할 수 있으며, 그런 결과라면 은퇴자금을 마련하는 방법 중에 최고라 할 수 있습니다.

## 22. 강남역 등의 핵심 중심지의 임대수익률은 왜 낮을까?

강남역이나 명동 등 서울에서도 가장 땅값이 비싼 핵심 중심지 또는 수도권의 땅값 비싼 주요 역세권의 상가나 오피스텔 등의 임대수익률은 땅값이 비싸고 중심 상업지라는 점에서 임대수익률도 매우 높을 것으로 예상되지만 사실은 그렇지 않습니다. 생각과는 다르게 전국 평균 수치보다도 훨씬 낮게 평가되고 있습니다.

왜 그럴까요?

이렇게 입지가 좋고 교통이 좋은 곳이라면 더 높은 수익률을 낼 수 있어야 하는데 이상한 현상입니다. 일단 임대수익률이라는 것은 투자금(분양가, 매입가) 대비해서 임대료의 수익이 얼마나 되는지를 의미하는데요, 강남역 등의 최고 입지의 부동산은 그 외 지역보다 훨씬 부동산 값이 비싸고 워낙 좋은 입지라서 시세의 상승률이 높기 때문에 그럴 수 있습니다. 부동산 가치가 해가 바뀌기 전에 껑충껑충 뛰다 보니 그 시세에 대비해서 임대료의 비율을 분석해보면 당연히 임대수익률이 낮을 수밖에 없는 것이죠.

그렇다고 토지나 건물의 부동산 시세가 뛴다고 임대료가 즉각즉각 오르는 것은 아니며 임대계약 기간이라는 일정한 시차를 두고 오르기 때문에 시세가 오르는 속도를 따라가지 못해 임대수익률은 전국적인 평균보다 훨씬 떨어진다는 것입니다.

또한 부동산 시세가 아무리 높아도 수요자 입장에서의 현실적인 임대료는 시세상승률만큼 오르기는 쉽지 않을 수도 있습니다.

결국 강남역이나 명동 등의 대한민국에서 가장 번화하고 땅값이 비싼 곳의 임대료 수익률이 평균보다 훨씬 낮은 것은 무섭게 뛰는 토지나 건물의 부동산 시세의 상승률 때문에 그럴 수 있다고 분석됩니다.

따라서 이런 **핵심 중심지역에 부동산을 투자한다면 임대수익도 중요하지만 더 중요한 것은 부동산 가치 증가로 시세차익을 얼마나 많이 낼 수 있느냐에 주목**해야 합니다.

# 주요 부동산의 기대수익률 분석

## 01. 기대수익률 분석 조건

여기서는 주요 부동산 상품의 수익률을 분석하고자 합니다. 그러나 모든 상품의 특성과 용도가 다르다는 점 때문에 원활한 분석을 위하여 각 상품의 조건을 다음과 같이 가정하기로 합니다.

### 수익률은 VAT 별도

아파트, 오피스텔 등의 수익형 부동산의 임대수익률은 VAT가 별도라고 가정합니다.

### 투자 기간

각 상품의 원활한 비교분석을 위해서 무조건 모든 상품의 투자기간은 10년간으로 합니다.

## 세금

여기서 모든 상품의 보유세금은 적용하지 않으며, 원활한 분석을 위해서 없다고 가정합니다.

## 금리 및 수익률

해당 상품의 현재 수준으로 가정하며, 미래 금리나 수익률은 현 시장의 상식적인 선에서 필자가 생각하는 예상수치로 가정합니다.

특히 수익률은 지역과 입지조건에 따라 천차만별이지만 여기서는 상품의 일반적인 기대치로 설명합니다.

## 02. 소형 아파트의 기대수익률 분석

📍 소형 아파트 분석

| 現 기대수익률 | 10년 예상수익률 | 투자등급 |
|---|---|---|
| 연 3% | 연 2~3% | 중위험 |
| **現 용도** | **상품특성** | **평가** |
| 중장기 투자상품 | 공실리스크, 입지조건 및 배후 수요 등의 영향이 큼. | 중간위험 중간수익률 |

### 기대수익률 분석

소형 아파트의 기대수익률은 연 3% 정도로서 10년간 연 2~3% 정도의 수익률을 낼 수 있다고 예상되기 때문에 수익률은 그리 높지 않을 것이라 예상됩니다. 특히 금융상품의 경우 가입하면 비투자기간은 갈아타는 기간 외에는 없다고 할 수 있으나, 부동산 상품은 공실률의 리스크가 있기 때문에 10년간 장기투자 시 현실적인 수익률은 기대수익률보다 더 떨어질 수도 있습니다.

### 상품 특성

소형 아파트는 단기보다는 중장기 투자상품으로서 중간 위험의 중간 수익률을 기대할 수 있습니다.

## 03. 상가 기대수익률 분석

📍 상가 분석

| 現 기대수익률 | 10년 예상수익률 | 투자등급 |
|---|---|---|
| 연 4~5% | 연 3~4% | 고위험 |
| **용도** | **상품특성** | **평가** |
| 중단기 투자상품,<br>단기 임대수익용 및<br>시세차익용 | 공실 리스크, 상권 활성화가<br>안될 경우 손실 리스크<br>매우 큼 | 고위험 중간 수익률 |

## 기대수익률 분석

현재 기대수익률은 연 4~5% 정도로서 장기적으로 전망할 때 줄어드는 인구와 공실 리스크 등의 영향으로 전체적으로 수익률은 더 떨어질 수 있다고 예상합니다.

## 상품 특성

상가는 주로 중기나 단기 투자상품으로서 임대 수익용도 되지만, 단기 시세차익용으로도 투자가 이뤄지고 있습니다. 다만 인구구조의 변화와 산업의 변화 등으로 인해서 과거의 상가 투자(고위험 고수익)와 미래의 상가 투자는 상당히 다를 것으로 전망됩니다.

특히 신규 분양 상가는 공실 리스크 외에 상권 활성화가 안 될 경우 손실 리스크가 매우 크다고 예상됩니다.


## 04. 오피스텔 / 레지던스 기대수익률 분석

📍 오피스텔/레지던스 분석

| 現 기대수익률 | 10년 예상수익률 | 투자등급 |
|:---:|:---:|:---:|
| 연 5~6% | 연 5~6% | 고위험 |

| 용도 | 상품특성 | 평가 |
|------|---------|------|
| 임대수익용, 중장기 투자상품 | 공실리스크, 임대수요 리스크, 환금성 높음 | 고위험 고수익률 |

### 기대수익률 분석

오피스텔 / 레지던스 같은 소형 부동산은 인구구조의 변화와 1~2인 가구의 증가 등의 영향으로 장기간 연 5~6% 수익률 달성은 무난할 것으로 예상되며, 공실에 대한 리스크나 노후화 리스크 등의 위험성도 있지만 10년간 높은 수익률을 달성할 수 있다고 예상됩니다.

### 상품 특성

중장기 투자상품으로서 임대수익용으로 적합하며, 공실 리스크 등이 있는 고위험, 고수익률 상품입니다. 특히 일부의 경우 임대수익과 시세차익을 동시에 노려볼 수도 있습니다. 하지만 수익률만큼 손실을 볼 확률도 높은 고위험 상품으로서 투자자 성향에 따라 장기 투자용으로 일부 적합한 상품이라고 분석됩니다.

수익형 부동산 투자하지 마라! 이걸 알 때까지!

## 05. 토지 기대수익률 분석

📍 토지 분석

| 現 기대수익률 | 10년 예상수익률 | 투자등급 |
|---|---|---|
| 연 2~3% | 연 2~4% | 고위험 |
| **용도** | **상품특성** | **평가** |
| 장기투자 상품, 시세차익용 | 수익률 편차가 매우 클 수 있는 특성, 환금성 낮음 | 고위험 중수익률 |

### 기대수익률 분석

전체적으로 토지에 대한 기대수익률은 연 2~3% 정도로서 10년간 연 2~4% 정도의 수익률을 달성할 수 있을 것으로 분석됩니다.

### 상품 특성

토지는 투자상품 중에서 수익률 편차가 가장 클 수 있는 대상으로서 잘만 선택한다면 장기투자 시 대박이 날 수도 있고 반대로 안 될 경우 원금손실도 크게 볼 수 있는 고위험성 상품입니다.

## 06. 분양형 호텔 기대수익률 분석

📍 호텔 분석

| 現 기대수익률 | 10년 예상수익률 | 투자등급 |
|---|---|---|
| 연 6~7% | 연 5~6% | 고위험 |
| **용도** | **상품특성** | **평가** |
| 중장기 임대수익용 | 영세한 운영사라면 장기간 수익률 보장이 어려울 수 있으며, 공실 될 리스크도 클 수 있음 환금성 낮음 | 고위험 고수익률 |

### 기대수익률 분석

분양형 호텔의 기대수익률은 연 6~7% 정도이며, 10년간 연 5~6% 정도로 예상되는 상품으로서 고위험 고수익 상품이라 분석됩니다.

### 상품 특성

누구도 보장해주지 않는 고위험 상품이라는 점, 그리고 대부분 소규모 운영사가 운영을 맡고 있다는 점에서 안전성이 다소 떨어질 수 있는 고위험성 상품이라 할 수 있습니다.

특히 여타 소형 수익형 부동산 중에서 환금성이 가장 떨어질 수 있는 단점이 있습니다.

**PART**

# 부동산 분양판 고해성사

## 01. 수익형 부동산 투자수익률 계산의 오류

상가나 오피스텔 또는 호텔 등의 수익형 부동산을 분양하는 모델하우스나 홍보관에 가보면 분양 직원들 거의 대부분이 해당 부동산을 분양 받으면 이 정도의 투자수익을 올릴 수 있다고 하면서 투자수익률을 계산한 자료를 제시하거나 설명합니다.

제시하는 수익률은 적게는 연 5~6%에서 많게는 연 10~15%까지 다양합니다만, 이러한 투자수익률 계산에는 많은 오류나 허수가 있습니다. 물론 전부다 그렇지는 않지만 일단 계산의 오류이거나 아니면 해당 분양 물건의 분양 확률을 높이고자 예상수익률을 다소 높게 뻥튀기 하는 경우가 있다는 것이죠.

수익률 계산의 오류라 할 대표적인 요소는 다음과 같습니다.

## 취득 관련 세금 누락

수익형 부동산을 선분양 받아 준공 후 입주할 때에는 부동산에 대한 취득관련 세금이 발생하는데, 수익률을 산정할 때 취득세(분양가의 4.6%)를 감안하지 않고 실투자금을 계산하는 경우가 더러 있습니다.

수익형 부동산이라면 취득세 관련 세금이 무조건 발생하지만 취득세 등의 발생 세금을 실투자금에서 누락시키면 그만큼 수익률이 올라 가기 때문에 일부 분양 직원들 입장에서는 나서서 나타내고 싶지 않겠죠. 이런 사항을 지적하게 되면 업계 관행이라는 이해 못할 답변만 돌아오게 됩니다.

📍 예시 〈실투자금 계산표〉

| 예상 실투자금 분석 | | | |
|---|---|---|---|
| 분양가(가정) | a | VAT별도 | 160,000,000 |
| 담보대출금액 | c | 50% | 80,000,000 |
| 잔금 | d | 50% | 80,000,000 |
| 취득세 | e | 4.60% | 7,360,000 |
| 실투자금액 | | d+e | 87,360,000 |

수익형 부동산 투자하지 마라! 이걸 알 때까지!

## 건강보험료 / 국민연금보험료 발생 여부 고지 누락

수익형 부동산으로 임대 소득이 발생하면, 근로소득세나 종합소득세 신고 대상자가 아닌 투자자라면 건강보험이나 국민연금보험의 새로운 납입 대상자가 되거나, 보험료를 납입하고 있다면 보험료가 인상될 확률이 높습니다.

이제는 개선된 임대소득에 대한 과세정책 때문에 이러한 별도의 임대소득에 대한 비용이 발생할 수 있는데도 이에 대한 내용을 언급하지 않는 경우가 일부 있다는 점에서 이 또한 실제 수익률의 허수가 아닐까 생각합니다.

## 대출이자 축소

일부의 경우 분양가의 50~60%를 대출받는 경우로 계산하면서 대출이자를 축소해서 계산하는 경우도 있는데, 아무래도 수익률을 높게 보이기 위해서 그럴 수 있다고 생각합니다.

## 실투자금 계산 오류

그 밖에 계약금과 중도금 대출 시 발생하는 VAT를 다시 환급 받는다는 점을 이용해서 계약자의 실투자금에서 차감하는 경우도 있는데, 이는 계약자가 납입한 금액으로서 환급 받는다고 실투자금에서 차감하면 안 되는 것이죠. 이러한 사항은 아마도 작성자의 계산 오류가 아닐까 생각됩니다.

이렇듯 제시하는 예상 수익률표에는 일부 오류가 있지만 소비자 입장에서는 복잡하기도 해서 그냥 넘어가는 경우가 대부분입니다.


## 02. 분양 조감도의 불편한 진실

우리나라 아파트, 상가, 오피스텔, 타운하우스 등의 분양은 거의 사전분양으로서 공사를 시작하기 전이나 공사를 시작하면서 분양을 합니다. 그래서 지어 놓은 건물이 없다 보니 조감도를 만들어서 이런 식으로 짓겠다고 합니다.

그런데 이러한 조감도는 정말 조심해야 합니다.

바로 옆에 붙어 있는 건물을 아주 낮게 또는 조그맣게 그려 놓거나, 바다와 멀리 떨어져 있음에도 마치 가까이 있는 것처럼 다소 과장 또는 왜곡한 경우가 무지 많다는 것이죠. 또한 주변환경도 썩 좋지 않음에도 녹지로 그려져 있는 경우도 많습니다.


〈조감도 왜곡의 주요 내용〉

- 주변 건물을 조그맣게 처리
- 바닷가(또는 호수)와 가깝게 처리
- 주변 도로를 확대하거나 축소 처리
- 동 간 거리를 넓게 처리
- 주변환경을 쾌적하게 처리
- 주변 철로 등을 잘 보이지 않게 처리

현장을 파악하지 않고 모델하우스나 인터넷 상의 홍보 광고에 나와 있는 조감도나 모형도만 보고서 결정한다면 향후 실제 물건을 보았을 때 후회할 가능성이 매우 클 것입니다.

이러한 부동산 분양 조감도 밑에는 아주 깨알 같은 크기의 글이 쓰여 있죠.

"상기 투시도(조감도)는 소비자의 이해를 돕기 위한 것으로 사실과 다를 수 있습니다."

따라서 부동산 분양 조감도는 이러한 불편한 진실이 있다는 점을 감안해서 정말 참고용으로만 여기고, 반드시 **건설 설계도와 현장을 확인하고 결정하는 것이 후회나 투자실패를 조금이라도 줄일 수 있는 방법**이라고 생각합니다.


## 03. 중도금 무이자 혜택의 진실

우리나라에서 아파트, 상가, 오피스텔, 분양형 호텔, 레지던스, 타운하우스, 전원주택, 빌라 등의 부동산을 분양하는 방법은 거의 선분양으로 진행하는데, 선(先)분양이라는 것은 분양 물건을 짓기 전에 먼저 분양을 하는 것을 의미합니다.

그래서 선분양을 받으면 아파트의 경우 분양 받는 시점에 거의 공사가 시작되고 약 2년 후 준공을 한 후 입주를 하게 되는 구조입니다.

이러한 선분양의 계약조건을 살펴보면 대부분 계약금(10%)+중도금(50%)+잔금(40%)의 구조로서 중도금(50%)은 대출 시 유(有)이자도 더러 있지만 거의 회사에서 무(無)이자 융자의 혜택을 제공한다고 합니다.

일반 중도금 대출 시 유이자 조건의 계약 조건이라면 분양이 잘안 되기 때문에 시행사/건설사 입장에서는 무이자 조건을 내세우는것 같은데, 이러한 중도금 대출 시 무이자 혜택의 진실은 무엇일까요?

◉ 예시 〈계약조건표〉

| 계약금(10%) | 중도금(60%) | 잔금 |
|---|---|---|
| 계약 시 | 지정일 | 입주<br>지정일 |
| 10% | 60% | |
| 자납 | 무이자대출 | 자납 |

중도금 대출에 대한 무이자 지원은 분양을 받는 소비자에게는 매우 유리한 조건인 듯하지만 그 속에 담긴 내용을 잘 살펴보면 그리썩 유리한 것 같지는 않습니다.

사업의 주체인 시행사나 시공사는 해당 사업을 진행할 때 그 사업에 대한 수지 분석을 합니다. 그래서 해당 사업의 적정수익이 발생하도록 수입과 지출을 조절해서 분양가의 계약 조건 등을 결정하는데, 여기서 중도금 무이자 지원 시 발생하는 대출이자는 수지 분석에서 지출로 잡기 때문에 적정 수익률을 내기 위해서는 중도금 대출이자 만큼 분양가를 상향한다는 것이죠. 물론 다는 아니겠지만 기업 입장에서 수지타산을 맞추려면 거의 분양가로 조정할 수밖에 없는 실정입니다. 물론 수지타산이 맞지 않는다면 당연히 사업추진을 하지 안겠죠.

특히 요즘 같은 건설 불경기와 정부의 대출 규제로 대출이율이 상대적으로 낮은 시중은행에서는 중도금을 대출 받기가 매우 어려운 상황입니다. 때문에 대출 받기는 시중은행보다 좀더 쉽지만 금리가 상대적으로 매우 높은 제3 금융권인 저축은행이나 새마을금고 등에서 대출을 받는 경우가 많습니다.

2018년 8월 현재 저축은행 중도금 대출 금리가 거의 약 연 8~9% 정도(은행별로 차이가 남)라고 들었는데, 정말 엄청난 금리 수준이죠.

따라서 중도금 무이자 혜택은 분양률을 높이기 위해 꼭 필요한 조건이라서 계약조건에 들어갈 수밖에 없고, 시행사는 수익을 내기 위해 그 대출이자를 고스란히 분양가에 적용할 수밖에 없는 상황이라는 것이죠.

결국은 중도금 대출 무이자 혜택이지만 그 이자가 분양가에 적용되어 있다는 점에서 '눈 가리고 아옹'하는 격으로 소비자만 봉이 되는 것이 아닐까요?

　중도금 대출 무이자 지원이라고 해서 무턱대고 좋아할 사항은 아닙니다. 자금력이 있는 분들은 차라리 중도금을 내고 그만큼 분양가를 빼 달라고 하는 것이 더 유리할 수 있다는 생각도 듭니다.


## 04. 수익률 보증의 노림수

　오피스텔이나 레지던스 그리고 호텔 등의 분양 현장의 계약자 특전이나 계약 조건을 살펴보면 "연 8% 수익률 2년 확정보증", "2년 또는 최대 10년 수익률 보증" 등의 계약 조건을 발견하기는 매우 쉽습니다. 이처럼 수익형 부동산의 분양에 있어서 수익률을 보증하는 곳이 많은 것이 사실입니다.

　왜 요즘 같은 불경기에 이렇게 수익률 보증을 내세우는 분양현장이 많을까요?

📍 예시 〈수익률보증 계약조건표〉

| 계약금 | 중도금 | 잔금 | 계약혜택 및 조건 |
|---|---|---|---|
| 10% | 중도금 50%<br>전액<br>무이자 | 40% | - 보증금 지급 (분양가의 5%, VAT제외)<br>- 1년치월세 선지급 (분양가의 약 8%, VAT제외)<br>- 부가세 환급 (분양가의 약9%)<br>- 분양가의 60% 담보대출 가능<br>- 객실 등기분양 (토지+건물) |

| 기타<br>계약조건<br>및 지원 | - 10년 임대보증 계약<br>- 연8% 확정수익률 보증<br>- 무료이용 1실당 7일 혜택 |
|---|---|

경기가 좋고 수익률이 좋은 호황기라면 이런 조건을 내세우지 않더라도 분양이 잘 되겠죠. 결국은 분양이 잘 안 되기 때문입니다.

정말 수요가 많고 수익률이 좋을 것 같은 그런 투자 유망한 곳은 이런 특혜를 굳이 내세우지 않더라도 단기간에 완판을 할 수 있기 때문에 분양이 잘 되는 상황에서는 사업자가 그러한 조건을 내세울 리가 없다는 것이지요.

그래서 분양이 잘 안 되니까 분양률을 높이고자 이런 수익률 보증 같은 고육지책을 꺼낸 것이 아닐까 생각되며, 일부 현장에서 이런 혜택을 들고 나오니 주변의 경쟁 현장들도 덩달아 동조할 수밖에 없는 현실입니다. 몇 년 전 호텔 분양 업계의 과도한 수익률 보증 경쟁 때문에 준공 후 약속 이행을 못해서 부실화되고 사회적 문제가 발생했던 것도 결국 그러한 문제가 원인이라고 봅니다.

여기서 더 큰 문제는 업체 측에서 수익률 보증에 대한 비용이나 리스크를 미리 분양가에 적용시킬 수 있다는 점입니다. 이렇게 되면 분양가가 올라갈 수밖에 없겠죠.

결국 이러한 수익률 보증의 허와 실은 독자가 판단해야 하겠지만 이는 조삼모사 식이기 때문에 썩 좋은 것만은 아니라고 생각합니다.

따라서 수익률 보증은, 전부는 아니겠지만 일부는 분양을 위한 마케팅 전략일 가능성이 크며, 투자자 입장에서는 이런 수익률 보증의 조건에 현혹되기 보다는 먼저 투자의 기본에 입각해서 물건의 투자 가치를 다각도로 분석한 후 투자를 결정하는 것이 현명하다고 판단합니다.


## 05. 수익률 보증 기간의 비밀

일부 오피스텔이나 레지던스 같은 수익형 부동산의 분양현장 중에 5년, 10년 등의 장기적인 기간 동안 연 6% 또는 연 8% 등의 수익률을 확정 보증한다고 광고를 하는 경우가 많은데, 뒤에 보면 '단, 1년 또는 2년 마다 갱신'이라는 단서조항이 들어가는 경우가 대부분입니다.

이것은 위탁운영 계약은 5년이나 10년 동안 장기간으로 체결하나, 1년이나 2년마다 갱신계약을 한다는 것을 의미합니다.

즉 1~2년이 지나서 갱신계약을 할지 말지 결정할 수 있다는 것을 내포하고 있는 것인데, 이렇게 되면 회사 입장에서는 최대 5년이나 10년을 보장해주는 조건으로 홍보 및 광고를 할 수 있어서 분양률을 높이는 효과가 좋습니다. 그러나 1년이나 2년마다 갱신계약에 의하기 때문에 위탁운영사 입장에서 사업수지가 맞지 않는다면 갱신 계약에서 발을 쉽게 뺄 수도 있다는 점에서 1석 2조의 효과를 노린 노림수일 수도 있다고 생각합니다.

해당 계약조건에 따라 다르겠지만 소비자 입장에서는 잘 판단해야 할 사항이며, 해당 사업이 계획대로 잘 운영되어서 수익률이 높다면 1년 뒤 또는 2년 뒤 갱신계약 시 전보다 더 높은 수익률을 요구할 수 있겠지만, 반대로 생각했던 것만큼 수익률을 내지 못한다면 전보다 높은 수익률을 요구할 수 없거니와 위탁운영사가 받아줄 확률도 매우 낮을 것이기 때문에 회사가 요구하는 낮은 수익률로 갱신계약을 체결하거나 갱신계약을 포기하고 직접 운영하는 방법밖에 없을 것입니다.

또한 입주자와 위탁사 간에 요구하는 보증수익률 격차가 커지게되면 입주자와 위탁사 간의 계약 갱신은 결렬될 확률이 높고, 그렇게 된다면 법적인 문제나 운영이 파행될 확률이 높아지는 등 상황에따라 사업 자체에 큰 문제가 발생될 수도 있습니다.

거의 대부분은 갱신형으로 보증해주는 조건을 내세우기 때문에 수익률 보증기간은 멀지 않은 미래에 발생할 수 있는 생각지도 않은 많은 문제를 잉태하고 있을 수 있습니다.

따라서 수익률 보증을 너무 쉽게 곧이곧대로 믿거나 또는 이 조건에 너무 현혹되어서는 안 되겠습니다.

## 06. 수익률 보증 회사의 정체

2년간 연 6% 이상의 수익률을 보증한다는 계약 조건을 내세우는 수익형 부동산 분양현장이 최근 들어 부쩍 늘어나는 추세이며, 서울 및 수도권을 비롯한 충청권, 강원도, 제주도 등 전국적으로 이런 수익률 보증 현장들의 분양 광고를 신문이나 홈쇼핑, 방송 등을 통해서 쉽게 찾아 볼 수 있습니다.

그런데 수익률을 보증해주는 해당 회사가 어디인지 잘 확인할 필요가 있습니다. 아주 드물게 대기업이나 세계적인 호텔운영 업체 또는 경험이 많은 전문 운영사가 보증을 해주는 경우도 있으나, 대부분은 중소 위탁운영업체가 수익률 보증의 주체가 되는 것으로 파악됩니다.

즉 분양계약 시에 해당 사업의 추진사인 시행사, 시공사, 신탁사와는 별개의 해당 현장 운영에 대한 위탁사와 위탁계약을 체결하면서 수익률 보증에 대한 사항도 동시에 계약이 이뤄지는데, 이때 보통 위탁운영사가 수익률 보증에 대한 확약서나 보증서를 발급해주는 형태입니다.

위탁운영사는 대부분 신설법인이거나 또는 해당 현장의 시행사가 직접 위탁운영사를 맡는 경우도 있지만 보통은 사업 추진사와 관계 없는 별도의 관리회사 또는 시행사의 자회사라는 점에서 수익률 보증에 대한 공신력이 없거나 떨어지며, 법적으로도 해당 현장의 추진사와 관련이 없을 수 있어서 분양과는 별개로 수익률 보증에 대한 큰 신뢰를 갖기가 어려울 수 있는 상황입니다.

물론 대기업이 보증해주는 경우도 있어서 일부 해당수익률 보증에 대해서 신뢰를 줄 수도 있지만 대부분은 중소 규모이거나 자본금이 취약할 수 있는 상황이라는 점에서 이런 수익률 보증만 믿고 투자를 한다는 것은 결코 바람직하지 않으며 이에 대한 맹신은 금물입니다.

그에 대한 결과는 최근 수익률 보증을 조건으로 분양형 호텔에 투자했다가 실패한 많은 사례에서 쉽게 찾아볼 수 있습니다.

피해자들은 분양 받을 당시의 수익률 보증에 대한 조건을 믿고 계약을 했는데 거의 지켜지지 않아 막심한 피해를 입었다고 주장하며, 민사소송이나 청와대 등에 피해보상에 대한 청원을 넣는 등 지금도 사회적으로 큰 문제가 되고 있는 상황입니다.

## 07. 대기업의 분양 전환 목적

수도권 핵심지역인 모 신도시 중심 상업지 등의 유명한 먹거리 상가 등은 대기업 건설사가 임대분양 후 직영으로 운영한 후 상권 활성화가 잘 되어서 지금도 이쪽 주변지역의 먹거리 상권에 지대한 영향을 미치고 있습니다.

그러다가 이 업체는 몇 년 뒤 주변 다른 신도시에서도 비슷한 형태로 운영을 했다가 예상과 달리 상권 활성화에 어려움을 겪고 이전 지역만큼 재미를 보지 못한 것으로 알고 있습니다.

그 이후에 또 다른 신도시에서도 대형 상가타운을 건설하면서 이곳에서는 일부를 빼고 많은 상가점포를 일반에 분양하는 것으로 전환하는 정책을 사용하였습니다.

또한 모 건설사가 지방의 한 역세권에서 준공한 오피스텔의 경우도 시행사 등이 직접 임대 운영하다가 느닷없이 최근에 일반에 분양하는 것으로 전환해 분양 중인 것으로 알고 있습니다.

그리고 모 대기업의 경우는 호텔 객실의 절반 정도를 처음부터 일반에 분양을 하고 있는 등 일부 대형 건설사와 대기업 등은 기존의 직접 운영이나 임대분양에서 일반에 분양하는 방법으로 방향을 튼 경우가 종종 있습니다. 왜 이렇게 최근 들어 임대분양이나 직영에서 일반인에게 분양하는 정책으로 바뀌고 있을까요?

그 기업들의 내부 속사정을 알 수 없어서 추측할 수밖에는 없지만 일반에 분양하는 쪽으로 전환하는 것은 대기업들이 시행자금이 모자라서 또는 PF(Project Financing)가 어려워서라기보다 부동산 침체기에 준공 후 운영에 대한 리스크를 기업 혼자서 가져가는 것보다는 자신들의 지분을 버려서라도 일반에 분양함으로써 불확실한 리스크를 헷지하려는 것이 아닐까 조심스럽게 추측해 봅니다.

결국 모든 것을 소유하면서 직접 운영을 해 봤더니 계획했던 것만큼 결과가 나오지 않아서 이제는 일반에 분양해 향후 모든 것을 보유하면서 직접 운영하는 것에 대한 리스크를 줄이기 위해서라는 것이죠.

물론 변수도 있겠지만 이런 이유가 아닐까 생각합니다. 제 생각이 틀릴 수도 있지만 판단은 독자에게 맡기겠습니다.


## 08. 부동산 투자 시 독배가 될 수도 있는 요소

레지던스 같은 수익형 부동산 투자 시 독이든 성배가 될 조건이 있다면, 저는 '임대보증제' 또는 '임대보장제'라고 생각합니다.

'1년간 월세 지급', '10년간 월세 보증' 등의 임대보장이나 임대보증을 내세워서 분양을 하고 있는 곳을 어렵지 않게 볼 수 있습니다.

이런 조건을 내세우는 이유는 두 가지가 있으며, 하나는 정말 임대 수요가 넘쳐서 이런 보장을 해줘도 전혀 문제가 없을 수 있는 최고의 현장이라는 자신감이거나, 또 하나는 빨리 분양을 끝내기 위한 전략이 아닐까 생각합니다.

그러면 왜 이 조건이 독배가 될 수 있을까요?

'임대보장제'는 초기 공실에 대한 리스크를 해결해 주고 안정적인 월세 소득을 올릴 수 있다는 점에서 상당히 매력적이라 할 수 있지만, 그 보장 기간이 지나면 문제가 될 수 있어서 그렇습니다.

물론 워낙 임차인이 풍부해서 보장기간이 지나도 임대가 문제없다면 모두가 좋겠지만, 반대로 들어올 임차인이 많지 않아서 공실을 걱정해야 하는 상황이 된다면 문제가 심각해지겠죠.

공실이 되면 월세를 받는 것이 아니라 오히려 월세(대출이자나 관리비)를 매월 내야 하는 경우가 발생하기 때문에 투자자 입장에서는 성배가 독배로 바뀌게 되는 것이죠.

10년간 보증해줘서 10년간은 문제가 없다고 말할 수 있지만 1년 또는 2년마다 갱신형이라면 이건 말만 10년이지 사실 큰 의미가 없습니다.

1년이나 2년 지나서 임차인이 넘친다면 계속 갱신계약을 하겠지만 반대로 임차인 구하기가 어렵다면 보증한 회사가 더 이상 계약을 갱신하지 않겠다고 하면 그냥 끝인 거죠.

물론 보증기간이 지난 뒤에도 임대가 잘 되면 좋겠지만 그건 누구도 장담할 수 없기 때문에 어떤 혜택을 먼저 생각하기보단 기본에 충실해서 투자 물건의 입지와 배후수요, 투자가치 등을 충분히 검토한 후에 결정해야만 성배가 독배로 바뀌는 상황을 면할 수 있습니다.

따라서 선심성인 '임대보장제' 등에 너무 확신을 가지고 결정하는 것보다는 이런 혜택을 왜 내세우는지 먼저 그 이유를 알아보고 신중히 결정해야 할 것입니다.

# 4

**PART**

# 종자돈 굴리기 전략전술

## 01. 목표 설정

종자돈 1억을 보유한 투자자가 종자돈 1억 굴리기를 한다면 시작하기 전에 먼저 1억 원을 얼마 동안의 기간에 얼마의 돈으로 만들 것인지 그 목표를 설정할 필요가 있습니다.

그냥 막연하게 1억 원을 굴리겠다고 생각한다면 오히려 안 하는 것이 더 나을 수 있습니다. 왜냐하면 목표 없이 1억 원의 돈을 굴리다가는 방향 없이 떠도는 난파선이 될 가능성이 크기 때문입니다.

왜 내가 1억 원을 굴려야만 하는지와 1억 원을 가지고 얼마 기간에 얼마의 돈을 만들어 내겠다는 목표가 없다면 상품 선택부터 잘못 끼워질 단추가 될 확률이 높을 수 있습니다.

따라서 **1억 원을 굴리려는 구체적인 목표를 세워야만 원하는 결과를 도출해 낼 확률이 높아질 것입니다.**

예를 들어서 '투자기간은 5년(또는 10년, 20년 등)으로 하며, 목표 금액은 2억 원을 만들겠다'는 목표가 있어야 합니다. 물론 터무니없이 목표 금액이 높아서 현실성이 없다면 안되겠죠.

이러한 목표가 나온다면 그에 맞는 방법과 상품을 선택할 수 있으며, 목표가 없다면 상품 선택도 매우 어렵게 될 수 있습니다.

결론적으로 어떤 일을 할 때에 목표 없이, 그냥 해야 하니까 하는 것과, 구체적인 목표와 계획을 가지고 그 일을 수행하는 것의 결과는 매우 다르기 때문에 종자돈 굴리기를 할 때에는 먼저 구체적인 목표를 가지고 임해야 할 필요가 있습니다.

## 02. 목돈을 어디에 굴려야 하나?

1990년대 이전만 하더라도 안전하게 목돈을 굴리기 위해 대부분 서슴지 않고 은행으로 달려 갔었죠. 그때에 은행 예금 금리는 보통 5~6% 이상이었기 때문에 한 2~3년 묻어두면 꽤 괜찮은 수익률이었습니다.

**그런데 요즘 은행 예금으로 안전하게 목돈을 굴릴 수 있나요?**

지금은 금리가 상승 추세임에도 대출금리만 오를 뿐 예금금리는 고작 2% 정도로서 세금 빼고 화폐가치 하락 등을 감안하면 실질적으로는 마이너스 금리라 할 정도로 원금을 까먹는 상황입니다. 그러니 예금은 더 이상 안전자산이 아니라 실질적으로는 위험자산이라 할 수 있습니다.

요즘은 경기침체와 맞물려 마땅한 투자처가 없기 때문에 목돈을 굴리려고 은행에 예금하는 것이 아니라 그냥 잠시 보관하는 용도로 예금에 가입하는 것 같습니다.

**그러면 오늘 날 같은 실질적인 마이너스 금리 시대에는 목돈을 굴리려면 어디에 어떻게 투자해야 할까요?**

'돈을 굴리다'라는 뜻은 돈을 여기저기 빌려줘서 이익을 늘린다는 것인데, 일정한 목돈을 은행에 일시금으로 예금을 한다든지 부동산에 투자를 하는 행위, 모두 돈을 굴리는 것이죠.

일반적으로 우리가 몇천만 원에서 1~2억 원 내외, 또는 10억 원 내외의 목돈을 굴린다면 거의 은행 예금, 주식, 부동산(아파트, 레지던스, 오피스텔, 상가 등), 펀드 등을 이용하거나 생각할 것입니다.

또한, 이와 같은 금융이나 부동산 각 분야의 전문가나 종사자에게 목돈을 어디에 굴리는 게 좋겠냐고 질문해보면 십중팔구는 자신들이 속해 있는 분야에 투자하는 것이 가장 바람직한 방법이라고 주장할 것입니다.

그런데 이런 주장들은 모두 맞는 말이기도 하지만 한편으로는 틀린 말이기도 합니다. 예를 들어 주식 전문가에게 질문해보면 주식에 장기 투자하면 고수익률을 올릴 수 있고 앞으로 글로벌 경제상황

등 대세 상승할 확률이 높기 때문에 주식에 투자하는 것이 가장 좋은 목돈 굴리기 방법이라고 할 것이고, 상가분양 전문가에게 문의해 보면 미래 상권 형성과 배후수요 등으로 수익률이 꽤 높을 것이라는 등 상가에 투자해서 목돈을 굴려 나가는 방법이 가장 적절하다고 할 것입니다. 일단 목돈을 굴리려면 투자자가 어떤 투자성향인지에 따라 선택을 달리해야 하기 때문에 위의 투자상품이 맞는 상품일 수도, 틀린 상품일 수도 있다는 것입니다.

원금의 단돈 10원이라도 손실을 봐서는 안 된다는 성향의 사람이라면 다른 건 쳐다보지도 말고 그냥 은행 예금으로 해야 할 것이며, 원금손실은 감내할 수 있으나 수익률은 좀 높아야 한다면 예금은 안 되고 펀드 또는 부동산을 선택하는 것이 맞다고 할 수 있습니다.

따라서 일정한 목돈을 굴리려면 자신의 투자성향을 판단해서 그에 맞는 투자상품을 선택해야만 가장 올바른 선택이라고 할 수 있습니다.

## 03. 투자성향에 맞는 설계가 필요하다

일반적으로 주변에서 주식투자를 한다고 하면 '하지말라', '결국 개미들은 당할 수밖에 없다', '주식은 너무 위험해서 하면 안 된다'며 충고를 하는 사람들이 많을 것입니다.

이렇게 충고를 해주는 사람의 의견도 일리가 있죠.

주식 전문가가 아닌 개미 투자자라면 유료 주식정보 사이트의 사설정보나 시장의 흘러 다니는 정보 또는 본인이 직접 분석하거나 확인한 정보를 토대로 투자를 하기 때문에 대부분 투자보다는 투기가 되며, 단기적으로 일부 수익을 볼 수도 있으나 결국은 투자 실패로 결론 날 확률이 높기 때문입니다.

그러나 모두가 이런 주식투자나 고위험 상품에 투자를 하면 안 된다는 것은 아닙니다.

자신의 투자성향이 적극적 또는 공격적이면서 전문가적인 식견이나 투자 노하우를 겸비하고 있다면 일반인이라도 주식투자를 못할 이유가 없는 것이죠.

따라서 주식이나 비트코인 같은 고위험성 투자상품에 '이건 안 돼'라고 선을 그어 놓는 것보다는 투자자의 투자성향과 능력 또는 자질을 보고 할지 말지를 판단해야 한다는 것입니다.

이렇게 적극적인 투자자에게 주식이나 주식형 펀드 같은 고위험 상품에 투자하지 말고 은행 예금에 투자하라고 한다면 이것이야말로 정말 '미친 짓'이라고 할 수 있는 것이죠.

다만 재무설계적인 관점에서 주식이나 비트코인 등의 고위험 상품의 직접 투자는 고객에게 제시할 수 없다는 점에서 이 책에서는 배제합니다.

## 04. 분산투자가 필요하다

목돈을 굴리려면 투자자 성향에 따라 분산투자가 필요합니다. 돌을 한 곳으로만 다 굴리다 보면 길을 잘못 들어서 낭떠러지로 모두 굴러 떨어질 수 있기 때문입니다. 안전하게 목돈을 몇 개로 쪼개서 굴리면 한쪽에서 터질 수 있는 위험을 여러 곳으로 분산할 수 있기 때문에 보수적 또는 중도적 투자자가 보다 더 안전하게 돈을 굴릴 수 있는 것입니다.

📍 목돈 투자 포트폴리오

| 포트폴리오 | | | | |
|---|---|---|---|---|
| 채권 | 주식 | 수익형 부동산 | 주거형 부동산 | 토지 |
| 예금<br>보험 | 국내주식<br>해외주식<br>주식형펀드 | 상가<br>오피스텔<br>레지던스<br>호텔 | 아파트<br>빌라<br>타운하우스 | 역세권 토지<br>임야<br>산<br>비업무용 토지 |

결국 안정적 투자자나 중도적 투자자라면 금리가 낮다고 예금은 빼고 어느 한 곳에만 맹목적으로 몰빵 투자할 것이 아니라, 본인의 투자성향에 맞게 일정 금액은 예금으로, 또 일정 금액은 주식(펀드), 부동산 등에 골고루 분산해서 목돈을 굴려 나가는 방법이 가장 좋은 방법이라 생각합니다.

이런 목돈을 굴리기 위한 분산투자의 포트폴리오 구성은 자산관리사의 역할입니다.

자신이 담당하는 판매 물건에 대한 정보의 전달자 역할보다는 이러한 고객의 포트폴리오를 구성해서 고객에게 설계 방안을 제시하는 역할이 더 중요한 자산관리사의 일인 것이죠.


## 05. 어떤 상품을 선택해야 할까?

종자돈 1억 원을 굴리려면 어떤 상품을 선택해서 굴려야 할까요?

아래 상품 선택 플로우 차트를 따라가면 그 답을 찾을 수 있습니다.


### 안정적 투자자에 속할 수 있는 여건 및 환경

투자금 이상의 원금 보장을 추구한다.

많은 초과 수익을 얻기 위한 것보다는 안정적인 투자를 더 원한다.


### 중도적 투자자에 속할 수 있는 여건 및 환경

최소한 투자금의 원금 보장을 추구한다.

시중 금리보다 높은 기대수익률을 원한다.


### 적극적 투자자에 속할 수 있는 여건 및 환경

투자금의 원금 보장을 원치 않는다.

기대수익률만큼 손실을 볼 수 있다는 것에 동의한다.

📍 상품 선택 흐름도

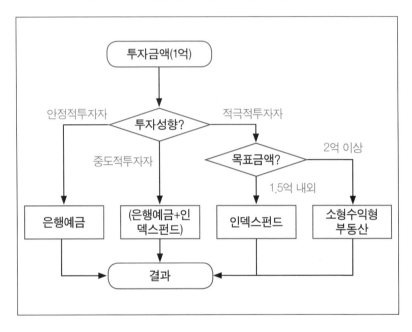

※ 위 흐름도는 종자돈을 어떤 상품으로 굴려야 할지를 결정하는 참고용 그래프이며, 여러가지 변수에 의해서 다른 결과가 나올 수도 있습니다.

수익형 부동산 투자하지 마라! 이걸 알 때까지!

## 06. 소형 수익형 부동산 투자로 1억 굴리기

### 적정 투자 기간 분석

소형 수익형 부동산의 장점 중에 하나가 환금성이 높다는 것입니다. 우리나라 인구구조와 사회구조가 1~2인 가구가 증가하는 방향으로 변화되어 소형 수익형 부동산에 대한 수요가 많고 앞으로도 더 증가할 수 있다는 점에서 현장별 차이는 있어도 여타 부동산보다 환금성이 매우 뛰어나다고 할 수 있습니다. 따라서 목적을 달성했다면 분양이나 매입 후 언제든지 환매를 할 수는 있으나, 투자의 최대 효과를 보기 위해서는 적어도 몇 년 이상은 투자해야 한다는 것을 기억해야 합니다

앞으로 1~2인 가구의 지속적인 증가와 관광산업의 발전 가능성 등으로 수도권 및 역세권, 유명 여행지 등에서는 레지던스나 오피스텔 등의 소형 수익형 부동산의 수요는 더욱 더 증가할 수 있습니다.

결국 그런 구조적 효과를 극대화시키기 위해서는 5년에서 10년 정도가 적정한 소형 수익형 부동산의 투자기간이라 분석됩니다. 또한 유망 부동산이라면 이 기간에 시세차익까지 덤으로 얻을 수도 있습니다.

### 적정 투자성향 분석

오피스텔이나 레지던스 그리고 호텔 등의 소형 수익형 부동산은

고수익을 낼 수 있는 상품이지만 공실 위험 등으로 손실을 볼 수도 있는 고위험 상품으로서, 투자금의 원금보장을 원치 않으면서 기대하는 수익률만큼 손실을 볼 수 있다는 것에 동의하는 적극적 투자자에게 적정한 상품이라고 할 수 있습니다. 단, 시중금리보다 높은 수익률을 기대하는 중도적 투자자에게도 상품별로 일부 적정할 수도 있습니다.

### 기대수익률 분석

오피스텔이나 레지던스 등의 소형 수익형 부동산은 현재 연 5%대 정도의 평균 임대수익률을 기대할 수 있으며, 10년 수익률도 보수적으로 접근해서 연 4~5% 정도로 예상할 수 있습니다.

그런데 임대용의 소형 수익형 부동산은 다른 부동산인 토지, 그리고 펀드 등의 금융상품과는 수익률 부분에서 아주 큰 차이가 있습니다. 금융상품의 경우는 이자나 투자수익이 발생하고 토지의 경우도 가치상승(시세차익)이 발생하지만 소형 수익형 부동산은 임대수익과 가치상승(시세차익)의 두 가지를 동시에 기대할 수 있다는 것입니다.

물론 본인이 임대를 주지 않고 직접 실거주한다면 가치상승의 한 가지만 기대할 수 있지만 대부분 임대용으로 투자를 한다는 점에서 임대수익과 시세차익의 두 마리 토끼를 한꺼번에 잡을 수 있다는 점에 주목해야 합니다.

그렇지만 소형 수익형 부동산의 경우 거의 중심 상업지를 벗어난 변두리 또는 외곽의 토지 값이 비교적 저렴한 곳에 건축되기 쉽기 때문에 대부분 임대료 수익 정도만 기대할 수 있고, 시세차익을 낼 수 있는 상품은 흔치 않다고 할 수 있는데, 이 두 개의 수익을 한꺼번에 낼 수 있는 상품을 찾는다면 적극적 투자자에게 최고의 투자가 될 수 있습니다.

그런 상품이라면 예상 임대료 수익 외에 가치상승까지도 노려볼 수 있다는 점에서 투자가치가 극대화될 수 있다고 분석됩니다.

**예상 투자결과 및 비교평가**

다른 토지나 금융상품에서의 예상 투자결과는 시세차익이나 투자수익 중 하나만 기대할 수 있으나, 소형 수익형 부동산은 두 가지, 즉 임대수익률과 가치상승률까지 기대할 수 있다는 점에서 다른 금융 부동산들과 큰 차이가 있다고 평가됩니다.

📍 예시 〈소형 수익형 부동산 투자결과 분석표〉

| 분양가 | 2억 원 | 200,000 |
|---|---|---|
| 대출금액 | 50% | 100,000 |
| 투자금액 | 종자돈 1억 | 100,000 |

| 예상 수익률 | 임대수익률(연 4.5%) | 9,000 |
|---|---|---|
| | 가치상승률(연 3.5%) | |
| 대출이자 | 연 3% | 3,000 |
| 세금 | 없는 것으로 가정 | |
| 투자기간 | 10년 | |
| 예상 임대수익 | 10년 | 60,000 |
| 예상 매매 금액 | 10년 후 | 282,000 |
| 예상 자산 총액 | 10년 후 | 242,000 |

※ 위 예시는 가정에 의한 것으로서 세금과 보증금 등은 없는 것으로 하였기 때문에 사실과 다른 결과가 나올 수 있습니다.

즉, 1억 원의 종자돈을 시세차익을 볼 확률이 매우 높은 번화가 중심지의 유망한 소형 수익형 부동산에 투자한 경우 임대료 수익은 보수적인 접근법으로 연 4.5% 정도 그리고 가치상승률은 연 3.5%(물가상승률 정도)로 예상할 수 있습니다. 이럴 경우 10년 후 1억 원의 종자돈은 2.4억 원으로 늘어날 수 있다는 결과입니다.

단, 이런 조건은 소형 수익형 부동산의 특성으로 볼 때 임대수익률을 예상하는 것은 가능성이 클 수 있지만 시세차익은 다소 쉽지 않다는 점에서 어떤 상품을 선택해야 하는지가 매우 중요하다고 생

수익형 부동산 투자하지 마라! 이걸 알 때까지!

각합니다.

📍 예시 〈인덱스펀드 예상결과 표〉

| 투자금액 | 종자돈 1억 | 100,000 |
|---|---|---|
| 기대수익률 | 연4.5%(복리) | |
| 세금 | 없는 것으로 가정 | |
| 투자기간 | 10년 | |
| 예상 환매수령액 | 10년 후 | 155,300 |

※ 위 예시는 가정에 의한 것으로서 사실과 다른 결과가 나올 수 있습니다.

비교를 위해서 위와 같이 인덱스펀드로 종자돈 1억을 굴리기 위한 예시를 들었습니다. 인덱스펀드로 장기투자를 한다면 10년 후에 환매 금액은 약 1.5억 원으로서 10년 동안 꽤 좋은 결과를 얻을 수 있다고 예상됩니다.

비교해보면 소형 수익형 부동산과 인덱스펀드는 투자 위험도는 비슷하나 인덱스펀드 등의 금융상품은 투자수익만 기대할 수 있으며, 소형 수익형 부동산 같이 임대소득을 기대할 수 없다는 점에서 차이가 있습니다.

# 3부
# 분양 현장 심층분석

**PART**

# 'J 테라스' 소개

## 01. 'J 테라스'는 무엇인가?

'J 테라스'는 제주의 강남이라는 제주시 연동의 263-2번지 일원에 들어설 생활숙박시설로서 신라면세점과 연동 누웨모루 거리(구 바오젠 거리)가 바로 앞쪽에 위치하는 번화가라는 점에서 직주근접의 임대수요가 많고 제주 관광객이 넘쳐나는 유망한 지역의 숙박시설로써 투자자들의 큰 관심을 받고 있는 **수익형 부동산**입니다.

📍 사업 개요

| 위         치 | 제주특별자치도 제주시 연동 263-2 일원 |
|---|---|
| 지 역 / 지 구 | 일반상업지역 / 중심미관지구 |

| 공 급 규 모 | 지하2층 ~ 지상19층 (레지던스 420실) |
|---|---|
| 용 도 | 생활숙박시설, 근린생활시설 |
| 대 지 면 적 | 1,584.60㎡ (479평) |
| 건 축 면 적 | 1,203.28㎡ (364평) |
| 연 면 적 | 18,365.88㎡ (5,556평) |
| 건폐율/용적률 | 75.94%, 999.97% |

### 사업 개요

이곳에 지하 2층에서 지상 19층의 레지던스 420실 규모로 지어지며, 아시아신탁㈜이 시행사로, 그리고 대창건설과 포스코 ICT가 시공사로서 책임 준공을 맡고 있기 때문에 우량한 사업 추진사로 인해서 매우 안전한 사업으로 평가되고 있습니다.

또한 'J 테라스'는 레지던스 전 세대에 테라스가 제공되며, 관광객과 쇼핑객이 넘쳐나면서 제주에서 가장 땅값이 비싼 수준의 번화가 연동의 좋은 입지에 위치하기 때문에 숙박 수요가 매우 풍부할 것으로 예상됩니다.

### 위치

'J 테라스' 현장은 제주시 연동 263-2번지 일원의 제주의 강남이

## 📍 광역 위치도

[참조: 온나라지도]

## 📍 현장 주변도

[참조: 온나라지도]

라는 제주 신도심 중심지의 가장 번화한 곳에 위치하며, 직선거리로 해안가까지는 약 3km, 한라산까지는 약 8km, 제주국제공항까지는 약 3km 이내, 제주항 국제여객터미널까지는 약 6.5km 등 제주시 관광의 교두보 및 제주의 중심지 중의 중심 번화가에 위치하게 됩니다.

특히 연 140만 명의 외국인 관광객이 쇼핑을 즐기는 신라면세점과 롯데면세점 그리고 중국인 관광객이라면 꼭 찾는다는 필수 관광 코스인 누웨모루 거리(구 바오젠거리)가 바로 옆에 위치한다는 점에서 관광지의 숙박시설로서 최고의 위치라 분석됩니다.

## 02. 타입 및 스펙

'J 테라스'의 객실타입은 모두 8개로 구성되며, 총 420 세대로서 다소 많은 타입이지만 대부분 세대는 전용 7~8평대의 1~2인 가구를 위한 소형으로 설계가 됩니다. 또한 전 세대에 테라스(약 1.5~3평)가 무상 제공됨으로써 실면적은 약 10~13평 정도입니다.

이렇게 **타입이 다양하다는 것은** 소비자 입장에서는 선택의 폭을 넓힐 수 있다는 점에서 단조로운 몇 개의 타입보다는 긍정적인 설계라 할 수 있습니다.

| 타입 | 세대수 | 계약면적 | | 전용면적 | |
|---|---|---|---|---|---|
| | | m² | PY | m² | PY |
| A-1 | 60 | 39.4 | 11.9 | 26.2 | 7.9 |
| A-2 | 30 | 42.2 | 12.8 | 28.1 | 8.5 |
| A-3 | 30 | 44.2 | 13.4 | 29.4 | 8.9 |
| A-4 | 15 | 44.6 | 13.5 | 29.7 | 9.0 |
| B-1 | 195 | 34.4 | 10.4 | 22.9 | 6.9 |
| B-2 | 15 | 34.8 | 10.5 | 23.1 | 7.0 |
| C | 60 | 48.3 | 14.6 | 32.1 | 9.7 |
| D | 15 | 32.4 | 9.8 | 21.6 | 6.5 |
| 계 | 420 | | | | |

## 03. 입지환경 분석

'J 테라스'는 제주의 강남이라는 제주 연동 신도심의 가장 중심지에 위치하는 레지던스인데, 관광객이 머무르기에 좋은 입지조건을 지녀야만 투자가치가 높다고 할 수 있으므로 교통환경이나 주거환경 등의 입지조건은 매우 중요한 요소라 할 수 있습니다.

## 📍 위치도

[참조: 온나라지도]

## 📍 주변환경 분석

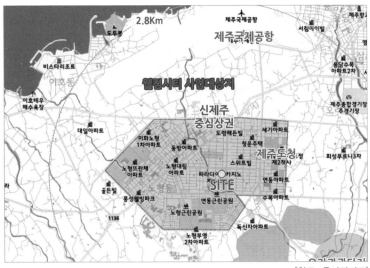

[참조: 온나라지도]

수익형 부동산 투자하지 마라! 이걸 알 때까지!

## 거주 환경

당 현장은 제주시 연동 그랜드호텔 사거리의 제주 신도심 정중앙의 국내외 관광객을 위한 핵심 관광명소에 위치해 있고 제주에서 가장 번화한 중심 입지로서 최상의 주거 환경을 제공합니다.

특히 제주에서 땅값이 가장 비싼 수준인 최중심인 연동 그랜드호텔 사거리 쪽에 위치한 제주 최고의 레지던스로서 연 140만 명의 외국인 관광객이 쇼핑을 즐기는 신라면세점과 롯데면세점 그리고 중국인 관광객의 필수 방문 코스에서 이제는 전 세계 관광객들뿐만 아니라 젊은이들의 문화 해방구가 된 누웨모루 거리가 인접해 있어 더할 나위 없는 관광지의 거주 환경입니다.

따라서 **최근의 관광지 숙박시설은 잠만 자는 곳에서 쇼핑과 문화를 함께 즐길 수 있는 곳으로 변화하는 추세**라는 점에서도 당 사업지의 거주 환경은 입주민과 관광객에게 숙박 이외에 다양한 흥미를 더해줄 수 있다고 평가됩니다.

## 교통 환경

당 현장은 제주국제공항까지는 직선거리로 약 3km 이내로서 차량으로 5~10분이면 접근이 가능하여 공항 이동이 매우 편리하고 국제여객터미널까지는 약 6.5km, 한라산이나 해안도로 그리고 서귀포 관광지 쪽으로도 쉽게 접근할 수 있어 제주시 사통팔달의 매우 우수한 교통환경을 지니고 있습니다.

그렇기 때문에 **내외국인을 비롯한 관광객이 주로 활용할 도심형 레지던스로서 베스트 교통 환경**을 지녔다고 분석됩니다.


## 04. 예상 실투자금 분석

오피스텔이나 레지던스 등의 수익형 부동산을 분양 받거나 투자할 때 정확히 실제로 들어가는 투자금을 분석하는 것은 매우 중요한 사항입니다.

정확한 실투자금을 분석해야만 나의 투자 가능한 자금 여력과 맞는지를 검토할 수 있으며, 실투자금을 알아야만 정확히 예측할 수 있는 수익률도 생각해볼 수 있습니다.

그러나 이러한 실투자금을 알아보는 것은 사실 초보 투자자에게는 쉽지 않으며, 일반적인 분양현장에서도 세부적인 사항보다는 세금을 뺀 대략적인 금액을 산출하는 경우가 많기 때문에 실제로는 차이가 날 수 있어서 주의할 필요가 있습니다.

그래서 'J 테라스'에 투자하여 일반임대사업자를 등록하고 임대수익을 얻고자 할 때 발생하는 실투자 금액을 분석해 보도록 하겠습니다.

| 예상 실투자금 분석 | | | |
|---|---|---|---|
| 분양가(가정) | a | VAT별도 | 165,000,000 |
| 담보대출금액 | b | 50% | 82,500,000 |
| 잔금 | c | 50% | 82,500,000 |
| 취득세 | d | 4.6% | 7,590,000 |
| 임대보증금 | e | | 5,000,000 |
| 실투자금액 | | c+d-e | 85,090,000 |

※ 이 내용은 가정에 의한 수치이므로 정확하지 않을 수 있습니다.

'J 테라스' 1세대의 분양가는 165,000,000원(VAT별도)이라 하고, 50%는 담보대출을 받는다고 위와 같이 가정하면 실투자 금액은 약 85,090,000원이라는 결과가 나오며, 비율로 보면 분양가의 약 51% 정도입니다.

VAT는 100% 환급 받는다는 조건에서의 결과이며, 담보대출금 규모를 60%로 할 때에는 실투자 금액이 다소 줄어들 수 있습니다.

## 05. 특화된 프리미엄 7

### 제주의 강남 연동 內 최중심 입지

신라면세점, 누웨모루 거리가 바로 앞쪽에 위치해 있고, 롯데시티 호텔(면세점), 이마트, 롯데마트, 제주한라병원, 삼부공원, 제주도청 등의 의료, 행정, 편의시설이 약 1km 이내에 위치하는 등 제주도 내에서 주거선호도가 가장 높은 지역에 속한 입지로서 제주도 최고의 중심 상권에 위치합니다.

### 전 세대 테라스 적용

420실 전 세대의 테라스 설치를 통한 설계와 창의적 인테리어로 소비자의 만족도를 높인 제주도 내 최고의 생활숙박시설입니다.

### 중앙공급식 난방으로 관리비 절감

각 실내에 보일러실이 없는 첨단 난방시스템 도입으로 관리비를 절감하는 획기적인 설계구조를 자랑합니다.

### 탁 트인 조망권 확보

비교적 탁 트인 조망권 확보로 일부 세대의 경우 바다 뷰가 가능합니다.

### 높은 전용률

전용률 약 67%로서 제주 내에서 가장 **높은 전용률**을 자랑합니다.

### 풀옵션 무상 제공

냉장고, 전기쿡탑, 드럼세탁기, 에어컨, TV, 침대, 식탁, 밥통, 전자레인지, 식기세트 등의 가전과 생활 제품을 기본적으로 제공합니다.

### 안전한 사업 주체

안전한 사업시행을 위해서 아시아신탁㈜에서 주관을 하며, 대창건설㈜과 포스코ICT에서 책임 준공을 합니다.

※ 위 내용은 사업진행 중 일부 변경될 수 있습니다.

## 06. 계약 조건 분석

'J 테라스'의 계약 조건은 계약금 10%, 중도금 70%, 잔금 20%의 납입 조건이며, 중도금 50%는 무이자 대출이 지원되며, 중도금 6차, 7차는 입주 전에 자납하는 조건입니다.

📍 예시 〈계약 조건표〉

| 계약금 (10%) | 중도금(70%) | | | | | | | 잔금 (20%) |
|---|---|---|---|---|---|---|---|---|
| 계약시 | 1차 | 2차 | 3차 | 4차 | 5차 | 6차 | 7차 | 입주 지정일 |
| 10% | 10% | 10% | 10% | 10% | 10% | 10% | 10% | |

| 자납 | 50% (무이자대출) | 자납 | 자납 | 자납 |
|------|------------------|------|------|------|

준공은 2020년 하반기 예정이며, 입주 전까지는 중도금 무이자 대출(50%)로 인해서 계약 시에 계약금 10% 정도만 준비하면 되므로 계약에 대한 비용 부담은 크지 않다고 분석됩니다.

특히 전세대에 1.5~3평의 테라스가 무상 지원되는 조건입니다.

# 'J 테라스' 투자가치 분석

## 01. 연동은 왜 제주의 강남일까?

지금의 서울 강남은 대한민국 대표 상권으로서 부유한 사람들이 가장 많은 지역이면서 땅값이 가장 비싸고, 부동산 투자수익률이나 땅값 상승률도 대한민국에서 가장 높은 지역입니다. 그렇다면 이런 서울 강남은 어떻게 개발되었을까요?

과거 1960년대까지만 하더라도 지금의 강남(서초/강남/송파 등의 한강 이남)은 경기도 광주에 속한 곳으로서 풍수지리상 흉한 곳이라 하여 농사 짓기에도 썩 좋지 않은, 말 그대로 버려진 땅이었으나, 1970년대 들어서면서 서울 강북의 도심 포화와 구도심의 개발 한계로 강남이 개발되었습니다.

## 📍 제주시 연동 위치도

## 📍 연동 그랜드호텔 사거리 연별 공시지가(㎡) 현황표

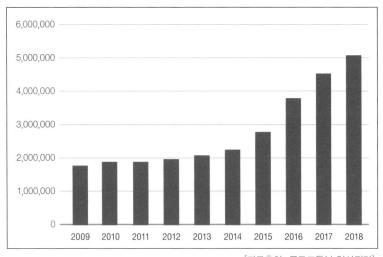

그때 일반인들 대부분은 강남이 저렇게 될 것이라고는 상상도 못하다가 아파트가 들어서는 등 신도시가 하나 둘 개발되면서 순식간에 변하자 많은 사람들이 강남에 투자하지 못한 자신을 자책하거나 부모를 원망하기도 하였습니다.

제주도 마찬가지입니다.

이미 제주시 구도심은 개발 한계의 포화상태라서 신도시인 연동과 노형동의 중심지 지역이 개발되었으며, 이곳 신도심에는 제주도청과 제2도청 청사까지 들어오며 명실상부한 제주의 강남이 되어가고 있습니다.

이곳 땅값도 제주에서 가장 비싼 수준이며 제주의 최중심지 번화가로 발전하였고, 내국인은 물론 중국인 관광객을 비롯한 외국 관광객은 이곳 연동의 누웨모루 거리(구 바오젠 거리)에 꼭 들를 정도로 매우 번화한 곳입니다. 신도심의 핵심 중심지답게 종합병원, 금융기관, 마트, 백화점, 면세점 등 생활편의시설 접근성도 제주에서 가장 좋은 환경을 지니고 있습니다.

또한 이곳은 제주의 대표적인 로데오 거리(누웨모루 거리)의 관광객만이 아니라 제주의 젊은 세대들이 모여들어 **점포들 매출이 높고 땅값이 급상승하는 지역으로서 서울 강남을 그대로 재현하고 있다는 점에서 연동을 제주의 강남**이라고 하는 것입니다.

그 증거는 현재 제주도 땅값을 확인하면 이곳 연동이 왜 제주의 강남인지 알 수 있습니다.

위 국토교통부 일사편리에서 발췌한 연동의 가장 번화가인 그랜드호텔 사거리 코너의 연별 공시지가 현황표를 살펴보면 최근 5년 전부터 땅값이 폭등하고 있다는 점을 알 수 있는데, 이는 예전의 서울 강남 땅값이 폭등하는 구조와 거의 흡사한 것으로 분석됩니다

## 02. 연동도 다 같은 연동이 아니다

제주시의 연동을 제주의 강남이라고 합니다. 제주시 신도심의 가장 번화한 거리라서 이런 명칭이 붙여진 것 같으며, 이곳 연동의 핵심 상업지 쪽인 그랜드호텔 사거리의 땅값은 연동의 최고가로서 땅값이 폭등하고 있습니다.

특히 그랜드호텔 사거리 바로 옆에는 누웨모루 거리(구 바오젠 거리)와 신라면세점이 있어서 사람들이 가장 많이 몰려드는 곳이기도 합니다.

그런데 연동도 다 같은 연동이 아닙니다. 강남도 강남역 주변과 변두리가 다르고, 상권과 땅값이 천차만별이듯이 여기도 마찬가지로서 당 사업지를 포함한 그랜드호텔 사거리와 매종그래드호텔, 누웨모루 거리, 신라면세점이 위치한 곳이 강남의 강남역이라 할 정도의 핵심지역이며, 그 주변 연동하고는 다소 차이가 있습니다.

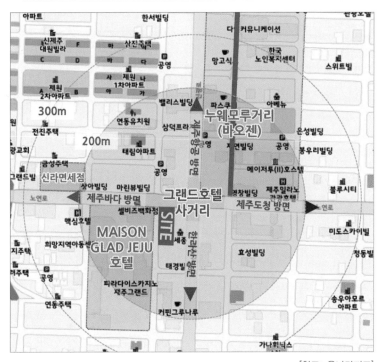

[참조: 온나라지도]

이러한 것은 땅값이 객관적으로 증명해주고 있으며, 정부가 이런 입지와 상권을 평가해서 공시지가로 매김해 놓기 때문에 공시지가를 확인해보면 정확히 알아낼 수 있습니다. 그러니 제주의 강남인 연동도 다 같은 연동이 아닙니다.

## 03. 누웨모루 거리(구 바오젠 거리) 소개

당 사업지가 위치한 제주의 강남 연동, 그 중에서도 가장 번화한 그랜드호텔 사거리는 서울 강남역 사거리와 비슷하게 젊은 세대가 모여드는 곳으로서 여기에는 로데오 거리인 누웨모루 거리(구 바오젠 거리)가 위치합니다.

구 바오젠 거리는 중국 기업명을 따서 지어진 명칭으로서 제주도를 방문하는 중국인 관광객이라면 대부분 방문하는 곳으로도 유명한 곳입니다.

하지만 최근 거리 명칭은 순수 우리말인 누웨모루 거리로 변경됐으며, 누웨모루는 '누에고치가 꿈틀대는 형상으로 인재가 배출되고 부자가 난다는 명당자리'를 뜻한다고 합니다.

이 누웨모루 거리는 차 없는 로데오 거리로서 젊은이들의 쇼핑과 일반인의 버스킹, 그리고 쇼핑하는 관광객들로 하루 종일 인파가 몰리는 곳이라는 점에서 명실상부한 제주의 강남이 되어가고 있습니다.

따라서 **제주의 연 3% 정도의 유입인구 증가와 젊은 1~2인 가구 세대의 증가** 등으로 제주 연동 그랜드호텔 사거리의 누웨모루 거리를 중심으로 지속적으로 사람들이 모여들어 더욱 **활성화될 상권을** 예상할 수 있으며, 이곳의 **땅값과 부동산 가치는 앞으로도** 제주의 **강남이라는 명성에 맞게 계속적으로 치솟을 것으로 전망**됩니다.

## 04. 시세차익도 가능할까?

오피스텔, 레지던스 등의 1~2인 거주를 위한 수익형 부동산의 경우는 꾸준한 임대수익을 기대하지만 사실 시세차익은 예상하기가 쉽지 않다는 것이 일반 투자자들의 중론입니다.

이유는 이런 소형 수익형 부동산이 들어서는 곳은 도심의 가장 번화한 중심지보다는 약간 떨어져 있는 변두리나 외곽에 위치하는 경우가 많기 때문에 토지 값 상승이 쉽지 않기 때문일 것입니다.

하지만 초역세권이나 중심 상업지에 위치하는 일부의 경우는 시세 차익도 충분히 가능하다고 생각합니다.

'J 테라스'의 경우도, 제주에서 땅값이 가장 비싼 수준인 연동에서도 핵심 중심지 번화가에 지어진다는 점에서 향후 지가는 지금처럼 우상향으로 가파르게 계속 오를 것으로 예상되기 때문에 시세도 덩달아 오를 것으로 기대가 됩니다.

아래 당 사업지의 지가 변동은 이 질문에 대한 답이 들어 있다고 분석됩니다.

📍 당 사업지(연동 263-2) 공시지가(㎡) 변동표

| 신청대상 토지금 분석 | | | 확인 내용 | | |
|---|---|---|---|---|---|
| 가격<br>기준년도 | 토지소재지 | 지번 | 개별<br>공시지가 | 기준일자 | 공시일자 |
| 2018 | 제주시 연동 | 263-2 | 4,651,000 | 01월 01일 | 2018-05-31 |
| 2017 | 제주시 연동 | 263-2 | 4,212,000 | 01월 01일 | 2017-05-31 |
| 2016 | 제주시 연동 | 263-2 | 3,635,000 | 01월 01일 | 2016-05-31 |
| 2015 | 제주시 연동 | 263-2 | 2,597,000 | 01월 01일 | 2015-05-29 |
| 2014 | 제주시 연동 | 263-2 | 2,067,000 | 01월 01일 | 2014-05-30 |
| 2013 | 제주시 연동 | 263-2 | 1,860,000 | 01월 01일 | 2013-05-31 |
| 2012 | 제주시 연동 | 263-2 | 1,740,000 | 01월 01일 | 2012-05-31 |
| 2011 | 제주시 연동 | 263-2 | 1,590,000 | 01월 01일 | 2011-05-31 |
| 2010 | 제주시 연동 | 263-2 | 1,480,000 | 01월 01일 | 2010-05-31 |
| 2009 | 제주시 연동 | 263-2 | 1,370,000 | 01월 01일 | 2009-05-29 |

[출처: 제주부동산정보시스템]

수익형 부동산 투자하지 마라! 이걸 알 때까지!

## 05. 여기는 왜 수익률 보증을 하지 않나?

제주도는 물론 전국 주요지역에서 지어지는 호텔이나 레지던스 등은 대부분 계약 조건으로 '수익률 2년간 연 6% 보증' 등을 내세우는 경우가 많은데, 이곳은 그런 혜택이 전혀 없습니다.

이렇게 소비자들이 솔깃한 수익률 보증 조건을 내세우는 것은 먼저 이런 조건을 내세우면 분양이 잘 된다는 분양마케팅이라는 것이며, 보증해주는 조건에 대한 비용은 거의가 분양가에 선 적용되기 때문에 업자 입장에서는 손해보지 않는 다는 것인데, 결국 분양가가 올라가는 등 소비자의 눈에 보이지 않는 이면이 존재할 수 있습니다.

더욱 문제가 될 수 있는 것은 이러한 보증 혜택의 계약조건이 잘 지켜지지 않는다는 것이며, 이미 전국의 많은 호텔 등은 이러한 문제로 사회적인 이슈로 부각되기도 했으며, 지금도 많은 피해자들이 피해보상을 요구하고 있는 실정입니다.

**그러면 'J 테라스'는 왜 이런 조건을 내세우지 않을까요?**

'J 테라스'는 제주시 연동의 번화가 최중심지에 들어서는 레지던스로서 사업지 매입 토지가 평당 약 5,700만 원(연동 263-2, 2016년 당시)이며, 공시지가 상승률을 감안하면 2018년 현시세로 평당 약 7,400만 원 정도의 금싸라기 땅에 지어지고 있습니다.

'J 테라스'도 이런 계약조건으로 분양률 올리기에 중점을 두었다면 그런 혜택을 내세우면서 분양가를 올렸을 것입니다. 결국 이런 **거품을 뺀 상황이라서 입지에 비해서 분양가가 저렴한 것**이라 할 수 있습니다.

특히 이렇게 비싼 번화가에서는 임대수요가 풍부하고 객실 장사가 잘될 수 있다는 점에서 굳이 좋은 혜택을 내세우지 않더라도 분양에 문제가 없기 때문에 이런 조건이 필요 없었을 것이라 분석됩니다.

이런 수익률 보증 등을 내세우는 곳은 아무래도 입지가 떨어지거나 분양률을 올리기 위해서 그럴지 모르겠지만 입지가 좋고 땅값 비싼 현장은 이런 조건이 필요 없다고 생각합니다.

예를 들어 서울 강남역 주변의 잘 나가는 곳에 분양하는 오피스텔 등의 수익형 부동산에서도 이런 수익률 보증이나 보증금 선지급 등의 조건을 내세우는 경우를 본적이 없습니다.

따라서 'J 테라스'도 제주의 강남이라 할 수 있는 워낙 좋은 입지에 들어서는 레지던스로서 이런 수익률 보증 등의 선심성 혜택을 지원할 필요가 없기 때문이 아닐까 생각합니다.


## 06. 당 사업지의 토지가격 변동폭 분석

당 사업지는 제주의 강남이라 할 수 있는 연동에서도 가장 번화한 중심지 그랜드호텔 사거리 코너 바로 옆에 위치하며, 이곳은 제주도에서 땅값이 비싼 순위로 손가락 안에 들 정도의 번화가입니다.

현재 사업을 신탁사에 맡긴 토지주(위탁사)가 2016년 당시 평당 약 5,700만 원(연동 263-2)에 매입을 한 것을 등기부등본에서 확인할 수 있듯이, 소위 금싸라기 땅이라고 할 수 있습니다.

📍 당 사업지(연동 263-2) 공시지가(㎡) 변동 그래프

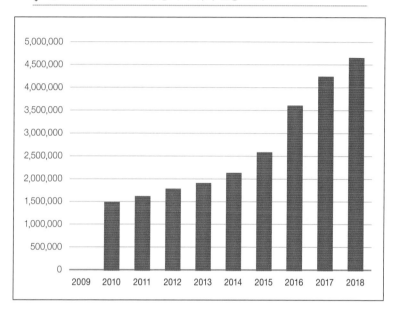

[자료출처: 국토교통부 일사편리]

이곳의 토지가격 변동은 어떻게 진행되어 왔는지 정부의 공시지가를 조사해보면 이곳의 투자가치를 당장 입증할 수 있을 것으로 예상됩니다.

위 일사편리에서 발췌한 당 사업지의 한 필지에 대한 공시지가 변동폭 그래프를 살펴보면 10년 동안 우상향으로 가파르게 땅값이 상

승하고 있다는 것을 알 수 있으며, 이는 현재 제주도 연동의 상황으로 봤을 때 앞으로도 10년 이상 꾸준히 우상향의 방향으로 나갈 것으로 예상되고 있습니다.

이것은 제주의 연동이라도 약간 외곽이나 변두리 땅값 싼 곳의 비슷한 분양가의 경쟁 부동산보다 투자의 안전성이 뛰어나고 향후 가치가 높아져서 시세차익을 더 많이 볼 수 있는 확률이 높다는 것을 의미합니다.

참고로 위 공시지가 변동 그래프에 나와 있듯이 이곳은 2016년에서 2018년까지 공시지가가 약 30% 상승했다는 점을 시세에 반영하게 되면 현재 시세는 평당 약 7,400만 원(연동 263-2) 이상이라고 예상할 수 있습니다.


## 07. 당 현장 투자금의 미래가치 분석

'J 테라스'의 향후 부동산 값이 어느 정도로 상승할지를 확인해 볼 필요가 있으며, 이것은 투자금액의 미래가치 분석이라 할 수 있습니다.

주택 등의 부동산 값은 보통 물가상승률 정도 상승한다고 할 수 있으며, 제주도는 전국적으로 봤을 때에 상승률이 평균 이상이 될 수 있다고 예상됩니다.

📍 당 사업지(연동 263-2)의 공시지가(㎡) 상승률 현황

| 신청대상 토지금 분석 | | 확인 내용 | | | |
|---|---|---|---|---|---|
| 가격<br>기준년도 | 지번 | 개별공시지가 | 상승률 | 기준일자 | 공시일자 |
| 2018 | 연동 263-2 | 4,651,000 | 10% | 01월 01일 | 2018-05-31 |
| 2017 | 연동 263-2 | 4,212,000 | 16% | 01월 01일 | 2017-05-31 |
| 2016 | 연동 263-2 | 3,635,000 | 40% | 01월 01일 | 2016-05-31 |
| 2015 | 연동 263-2 | 2,597,000 | 26% | 01월 01일 | 2015-05-29 |
| 2014 | 연동 263-2 | 2,067,000 | 11% | 01월 01일 | 2014-05-30 |
| 2013 | 연동 263-2 | 1,860,000 | 7% | 01월 01일 | 2013-05-31 |
| 2012 | 연동 263-2 | 1,740,000 | 9% | 01월 01일 | 2012-05-31 |
| 2011 | 연동 263-2 | 1,590,000 | 7% | 01월 01일 | 2011-05-31 |
| 2010 | 연동 263-2 | 1,480,000 | 8% | 01월 01일 | 2010-05-31 |
| 2009 | 연동 263-2 | 1,370,000 | 4% | 01월 01일 | 2009-05-29 |

[자료출처: 국토교통부 일사편리]

특히 현재 당 사업지의 10년간 연평균 공시지가 상승률은 약 14%
로서 앞으로도 이런 지가상승률 정도를 이어간다면 'J 테라스'의 부
동산 가치는 더 오를 수 있습니다만 여기서는 일반적인 상승률로 예
상해 보겠습니다.

📍 예시 〈가정한 부동산 값의 미래가치 분석〉

| 現 가정 분양가 (천원) | 10년 후 미래가치 | | 20년 후 미래가치 | |
|---|---|---|---|---|
| | 연3% 상승 | 연4% 상승 | 연 3% 상승 | 연 4% 상승 |
| 165,000 | 221,000 | 244,000 | 298,000 | 361,000 |

※ 가정에 의한 수치이므로 사실과 다를 수 있습니다.

여기서는 부동산 값을 일반적인 수치인 연 3%와 연 4% 정도 상승할 것이라고 가정해서 분석을 하였으며, 1.65억 원의 부동산이라면 10년 뒤 또는 20년 뒤에는 약 2.2억 원에서 3.6억 원까지도 높아질 수 있다는 예상 결과입니다.

이곳의 우수한 거주환경과 입지조건 그리고 지가상승률 등을 종합해보면 이 정도 이상의 가치 상승은 충분히 예상된다고 할 수 있습니다.

## 08. 당 사업의 투자가치 분석

'J 테라스'의 투자가치는 토지가 대비 저렴한 분양가와 제주 최고의 입지조건이라는 점, 그리고 거시적으로도 유망한 제주의 미래가치에서 확인해 볼 수 있습니다.

## 땅값 대비 매우 낮은 분양가

당 사업지는 2016년 현재의 위탁사(토지주)가 평당 약 5,700만 원 정도(연동 263-2)에 매입한 곳으로서 2018년 지금은 그 당시보다는 공시지가가 약 30% 인상되었으므로 이를 시세에 그대로 반영하면 현재의 시세는 평당 약 7,400만 원 정도라고 추측할 수 있습니다.

평당 약 7,400만 원 정도의 땅에 전용면적 6.5~7평대의 레지던스 분양가가 약 1억 중·후반~2억대(가정) 정도라는 것은 땅값 대비해서 액면 그대로 보더라도 매우 저렴한 분양가라 분석되며, 여기에 전 세대에 테라스(약1.5~3평) 서비스 면적까지 주어진다는 점, 그리고 전용률(약 67%)이 제주 최고라는 점에서 당 사업은 상당히 저평가되었다고 분석됩니다.

## 제주 최고의 입지조건

당 현장은 제주시에서 가장 번화한 연동 그랜드호텔 사거리의 국내외 관광객을 위한 핵심 관광명소에 위치한 제주에서 가장 번화한 곳의 중심입지로서 최상의 주거환경을 제공할 것으로 분석됩니다.

특히 제주시의 최중심인 연동에 위치한 제주 최고의 레지던스로서 연 140만 명의 외국인 관광객이 쇼핑을 즐기는 연동 주변의 면세점 그리고 국내외 관광객과 시민들이 몰려드는 누웨모루 거리가 인접한, 쇼핑, 문화 등의 볼 거리, 놀 거리가 몰려 있는 곳의 생활숙박시설로서는 더할 나위 없는 거주 환경이라 분석됩니다.

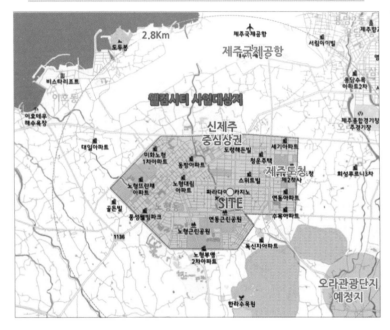

[참조: 온나라지도]

또한 당 현장은 직선거리로 제주국제공항까지는 약 3km 이내로
서 차량으로 5~7분이면 접근이 가능하여서 공항 이동이 매우 편리
하고 국제여객터미널까지는 약 6.5km, 그리고 한라산이나 해안도로
그리고 서귀포 관광지 쪽으로도 쉽게 접근할 수 있는 제주시 사통
팔달의 매우 우수한 교통환경을 지니고 있습니다. 외국인을 비롯한
관광객이 주로 활용할 도심형 레지던스로서 아주 좋은 교통 환경입
니다.

주변의 개발 호재로서는 당 사업지에서 한라산 방면으로 약 2km 정도의 위치에는 총 사업비가 6조 원에 달하는 관광, MICE, 쇼핑, 휴양, 문화가 어우러진 오라관광단지가 조성될 예정으로서 이곳이 2021년경 개발 완료된다면 고용창출 인원만 약 1만 명에 이를 것으로 예측됩니다.

또한 제주공항 쪽으로 중간지역에는 광역복합환승센터, 복합문화, 주거, 숙박, 업무시설 등이 어우러진 웰컴시티(가칭)가 약 50만 평 규모로 건설될 예정이라는 점에서 1~2인 가구의 거주에 최적인 당 사업의 임대수요도 더욱 풍부해질 것으로 예상됩니다.

**특히 당 사업지와 약 700미터 정도 떨어진 곳의 호텔, 카지노, 쇼핑몰, 스파, 수영장 등의 최고급 복합리조트인 제주드림타워가 2019년말 준공된다면 상주인원만 수천 명에 달할 것으로 예상됨으로써 당 현장의 임대수요는 무궁무진할 것으로 기대가 됩니다.**

### 유망한 제주도의 미래 가치

제주는 그 자체가 신비로운 천혜의 자연 속 관광지로서 내국인은 물론 세계인의 이목이 집중되고 있는 세계적인 관광명소입니다.

세계 최초 유네스코 자연유산 3관왕 달성, 세계 7대 자연경관으로 선정된 자연환경과 제2국제공항(예정), 영어교육도시, 신화역사공원, 아라관광단지(예정), 웰컴시티(예정) 개발 등의 대형 개발호재로 제주의 미래 가치는 더 높아질 것으로 전망합니다.

여기에 2016년 제주를 찾는 관광객이 약 1,600만 명을 넘어서며,

세계적인 관광지인 하와이의 2배수가 넘는 등 내외국인 관광객의 증가세가 가파르게 높아지는 추세만 보더라도 제주의 관광, 미래 가치는 매우 유망하다고 예상됩니다.

제주는 우리나라에서 살고 싶은 도시, 관광하고 싶은 도시의 대명사로서 연 3% 정도의 꾸준한 인구 유입이 있기 때문에 이러한 점에서 제주는 아직도 우리나라 최고의 투자처라고 볼 수 있습니다.

결론적으로 **미래 가치가 매우 높은 제주도, 그중에서 가장 번화가인 제주의 강남인 연동에서 매우 저평가된 저렴한 분양가인 당 사업은 투자가치가 매우 높다고 분석됩니다.**

## 09. 변두리의 싼 수익형 부동산과는 차원이 다르다

중심지에서 조금 벗어나거나 변두리 상업지나 업무지역 등에는 오피스텔, 레지던스, 호텔 등의 소형 수익형 부동산이 주로 많이 개발되고 있으며, 이런 현장은 대부분 중심지 번화가보다 매우 저렴한 토지가로 인해서 개발비용이 비교적 낮다는 특성이 있습니다. 그러나 분양이 쉽지 않을 것이라는 판단에 분양 활성화를 위한 수익률 보증 등 각종 계약자 특전을 내세우는 경우가 많습니다.

2년간 연 8% 수익률 보증, 10년간 위탁계약, 보증금 500만 원 선지급, 월세 6개월치 선지급, 1년에 15박 무료 혜택지원, 계약 시 황금열쇠 지급 등등 분양 계약을 하고 계약금을 납입하면 각종 혜택을 제공한다고 광고를 하곤 합니다.

사실 이런 혜택은 겉으로 보기에 무상으로 제공되는 것 같지만 결국은 이에 대한 비용이 이미 분양가에 선적용돼 있다는 것은 웬만한 사람들은 쉽게 짐작을 할 것입니다. 공짜로 준다면 일단 솔깃해하면서 관심을 갖는 것이 소비자의 기본적인 습성이라는 점에서 최근 판매마케팅으로 많이 활용되는 것 같습니다.

**하지만 'J 테라스'는 다릅니다.** 이곳은 제주에서 가장 번화한 곳인 제주의 강남으로 불리는 연동에서도 땅값이 가장 높은 사거리 코너 바로 옆 부지에 들어서는 레지던스로서 이미 입지 그 자체가 투자성과 수익성이 높다는 것을 입증합니다.

서울 강남에 현장이 있는 잘 나가는 곳에서 오피스텔 등의 수익형 부동산을 분양하면서 수익률을 보장한다고 하며 분양하는 현장은 본적이 없는데, 이미 그 입지가 워낙 뛰어나서 그 자체가 투자성에 대한 보장이라는 것이죠.

연동에서만 아니라 제주에서 가장 땅값이 비싼 곳 중의 한곳이 당 사업지 바로 옆 그랜드 호텔사거리 코너로서 이곳은 누웨모루 거리(구 바오젠 거리)를 비롯해서 제주에서 관광객이나 쇼핑객이 가장 많이 몰리는 최중심의 번화가입니다.

땅값의 상승률이 지금처럼 계속 유지된다면 'J 테라스'의 시세차익은 엄청날 것으로 예상되고 있습니다.

여기에 전용률(약 67%)은 제주에서 최대이면서 땅값이 연동에서도 가장 비싼 수준에 속하는 부지에 지어진다는 점을 감안하면 분양가도 매우 저렴한 수준으로서 저평가되었다고 분석됩니다.

결국 이런 곳의 레지던스하고 변두리의 싼 레지던스 등의 수익형 부동산하고는 여러 가지 차원이 다르다고 판단됩니다.


## 10. 이곳은 객실 장사가 잘 될까?

오피스텔이나 레지던스를 분양 받으려는 투자자 입장에서는 나중에 임대가 잘 될까 하는 염려를 많이 할 것입니다. 그래서 분양 받기 전 주변에 임대수요가 많을지 여부와 내가 임차자라면 정말 이곳에 들어와서 살고 싶을까 하는 생각과 분석을 다각적으로 해야 합니다.

'J 테라스' 같은 레지던스의 임대가 잘될지 등의 검토를 하기 위해서는 다음의 몇 가지는 꼭 점검해 볼 필요가 있습니다.

### 1~2인 가구의 젊은 층이 선호하는 컨셉의 레지던스인가?

레지던스나 오피스텔의 수요층은 중장년 층도 많지만 주로 20~40대의 젊은 층으로서 이들은 개성이 강하고 자신만의 독특한 라이프스타일을 지닌 세대라고 할 수 있는데, 월세로 살아도 외제차를 모는 등 미래를 위한 저축보다는 현재의 행복한 소비를 더 선호

한다고 합니다.

따라서 이들 주요 임차인이 될 20~40대의 젊은 층에 맞는 콘셉트의 레지던스인지가 매우 중요하며, 레지던스의 규모나 시설 그리고 설계구조 등 이들의 수준 높은 주거생활 욕구를 충족시킬 만한 서비스나 환경이 충족되는 곳이라면 임대수요가 넘쳐날 것으로 예상됩니다.

기존의 숙소 구조의 잠만 자는 역할의 레지던스나 오피스텔은 끊임없이 진화하는 젊은 수요자의 관심을 끌 수 없습니다. 쾌적한 주거는 기본이고 그곳에서 수준 높은 주거생활이 가능하며, 주변에 젊은이를 위한 차별화되고 특화된 쇼핑과 문화를 접할 수 있는 장소가 있다면 그 레지던스는 임대가 잘 되기 위한 최상의 조건이라 할 수 있습니다.

특히 제주도 같은 관광지의 경우는 유명 연예인의 생활을 그린 TV프로그램의 인기로 인해서 관광지는 물론 생활지로서도 중년은 물론 젊은 층의 로망이 되고 있는 곳이기 때문에 레지던스의 환경으로도 매우 우수하다고 분석됩니다.

### 쾌적한 주거환경과 편의시설 접근성이 좋은 곳인가?

오피스텔이나 레지던스의 주요 고객인 젊은 층은 1~2인 가구가 대부분으로서 전문직종의 직장인이 많습니다. 그렇기 때문에 혼밥을 즐기며, 개인 생활은 대부분 외식이나 아웃소싱을 하는 등의 생활패턴 조건상 마트나 편의점, 관공서, 영화관, 금융기관, 병원, 음식점 등의 일상생활에 필요한 편의시설 접근성이 매우 우수해야 합니다. 또한 주변지역도 쾌적한 곳을 선호하기 때문에, 공해나 유해시설이 주변에 없다면 최고의 조건이라 할 수 있습니다.

### 배후수요가 풍부한가?

임대가 잘될 수 있는지 등의 조건 중에서 가장 중요한 요소라 할 수 있는 것이 바로 배후수요입니다. 쾌적한 곳에 젊은 층의 라이프스타일에 맞는 콘셉트의 레지던스나 오피스텔이라도 임차 들어올 배후수요가 거의 존재하지 않는 베드타운으로 주변지역이 형성되어 있는 곳이라면 임대가 잘 되기는 쉽지 않겠죠.

사업지로부터 반경 3~5km대의 배후수요 간접 권역에 임대수요가 될 만한 관광단지나 산업단지, 오피스, 대학교, 기업체의 많고 적음은 그 레지던스나 오피스텔의 임대수요를 거의 결정할 것이라고 생각합니다.

실제로 당 사업지로부터 약 700미터 정도의 노형동에는 여의도 63빌딩 연면적의 1.8배 규모로 '제주드림타워 복합리조트'가 건설 중에 있으며, 2019년 9월경 완공된다면 약 3,500명의 고용창출 효과가 기대됩니다.

또한 당 사업지에서 약 2~3km 정도 떨어진 한라산 쪽으로는 총사업비 6조 원, 고용창출효과는 약 1만여 명에 이르는 관광, MICE,

문화, 쇼핑, 휴양 등의 오라관광단지가 2021년까지 조성될 것으로 예상되어서 당 사업지의 **직접적인 배후수요는 앞으로도 매우 풍부 할 것으로** 전망됩니다.

## 신속히 이동할 수 있는 곳인가?

젊은 층이 선호하는 쾌적한 곳에 위치하고 주변에 배후수요가 많은 레지던스라도 전철이나 지하철역(제주도 등의 관광지 제외)을 이용하기에 다소 먼 곳에 위치하는 등 대중교통의 편리성이 떨어지게 된다면 임대가 잘 된다고 보장할 수 없습니다.

또한 오피스텔이나 레지던스 등의 소형 주택 이용자들은 건물을 나와서 차량을 이용해서도 10~20분 이내에 목적지까지 이동하기를 원한다는 점에서 도로 등의 교통환경이 잘 갖추어 있는지 등의 여부도 임대에 있어서 매우 중요한 요소입니다.

위 사항들 중에서 어느 정도 이상을 만족시키는 오피스텔이나 레지던스라면 제주시는 물론이고 전국 어디서든 임대가 잘 될 것이라 예상되며, 이곳 'J 테라스'의 경우 제주의 강남이라는 가장 번화한 연동에서도 최중심지의 입지로서 1~2인 가구의 젊은 층이 선호하는 전 세대 테라스의 타입과, 주변에 관광객 등의 풍부한 배후수요, 도보권에 초대형 복합리조트가 오픈할 예정이라는 점, 편리한 교통환경, 그리고 쾌적한 주거환경 등에 있어서 **최고의 입지적 조건을 지닌 곳이므로 임대가 매우 잘 될 것으로 예상**됩니다.

## 11. 이곳은 왜 요즘 같은 시기에 틈새 부동산이라고 할까?

요즘 같은 부동산 침체기나 불경기의 부동산 투자에서 가장 중요한 점은 투자 부동산이 매우 안전해야 한다는 것입니다. 안전장치는 무엇이 있는지 또는 어떤 구조로 안전하게 지킬 수 있는지 등을 잘 검토해야 합니다. **안전성**이 결여된 부동산은 특히나 최근 같은 침체기에는 맞지 않으며, 반대로 수익성은 다소 낮더라도 안전성이 높은 부동산이라면 오히려 적정한 투자조건이라 할 수 있습니다.

다음은 **수익성**이며, 투자에 따르는 수익과 손실의 결과 중 수익을 낼 확률이 높아야 합니다. 손실을 볼 가능성은 어떤 것이고 손실을 볼 확률은 얼마나 되는지 등을 잘 따져 봐야 합니다. 그 결과 손실 볼 확률보다는 수익 볼 확률이 월등하다면 요즘 같은 부동산 침체기에 적합한 투자 조건이라고 할 수 있습니다.

이번에는 투자의 기본 중에서 언제든 손을 털고 나올 수 있는지 즉, 투자 부동산을 팔고 즉시 현금화할 수 있는 **환금성**을 검토해 봐야 합니다.

이러한 것들은 최근 같은 부동산 침체기에 필요한 투자의 기본적인 요소라 할 수 있습니다.

마지막으로 요즘 같은 침체기에 주목해야 할 사항으로 불확실한 투자환경의 변화에 따른 투자상품의 적응성을 검토해야 합니다. 어떤 상황으로 투자환경이 변하더라도 즉각 대응할 수 있는 적응성은 특히 요즘 같은 시기에 매우 중요한 요소라 생각합니다.

저는 전국의 주요 호텔, 레지던스, 오피스텔, 상가 등의 수익형 부동산은 거의 대부분 확인해 보거나 분석해 봅니다. 그리고 제가 봐도 확실한 물건이라고 판단되면 그 물건에 대해서 분석을 하고 책을 발간하고 있으며, 직접 그 물건을 분양하는 업무도 맡고 있습니다.

'J 테라스'는 제주의 강남 연동에서도 가장 땅값이 비싼 곳 중 한 곳인 그랜드호텔 사거리 쪽에 위치하며, 고급 테라스의 전 세대 적용 등 레지던스로서는 제주 최고급이라 자부하는 곳입니다.

그러면 'J 테라스'는 왜 요즘 같은 부동산 침체기에도 살아남을 수 있는 틈새 부동산일까요? 투자의 기본에서 생각해보겠습니다.

## 안전성

첫째, 요즘 같은 불경기에 건설 경기가 좋지 않은 상황에서는 건설사 등의 위험률도 올라갈 수밖에 없으며, 선분양의 경우 약 2년 정도의 건설기간 중에 건설사가 부실해지면 공사가 중단되고 압류가 될 수 있는 등 분양 받은 수분양자들은 피해를 볼 수 있는 위험도 올라가게 됩니다.

그런 점에서 제주도 같은 투자 유망한 곳에 투자를 하더라도 사업주체의 안전성 여부는 필히 짚고 넘어가야 할 사항입니다.

이런 점에서 'J 테라스'는 위탁사(㈜제데코)가 아시아신탁㈜에 토지를 수탁해 안전하게 신탁을 진행함으로써 시행업무와 분양 등의 전반적인 사업추진 업무를 하고 있으며, 시공은 대창건설과 포스코ICT가 맡아서 책임 준공할 예정으로서 사업 자체가 공사중단이나 지연될 가능성은 거의 없는 매우 안전한 사업입니다.

둘째, 신탁사가 자금관리를 맡고 있기 때문에 입주 전까지 선납입하는 계약금과 중도금의 투자금은 안전성이 매우 높은 상황입니다.

셋째, 투자상품은 대내외적인 투자환경의 변화에 대처할 수 있는 능력이 뛰어나야만 살아 남을 수 있으며, 이런 대응력이 약하다면 잔바람(투자환경 변화 등)에 크게 흔들릴 수 있습니다.

당 사업은 다른 레지던스가 흉내내기 어려운 투자상품의 활용도가 국내 최고로서 단기숙박용, 임대용, 실거주용, 은퇴생활용, 세컨드하우스용 등으로 활용될 수 있다는 점에서 대한민국 최고의 안전성을 지녔다고 분석됩니다.

이는 계란을 한 바구니보다 여러 바구니에 담아야 한다는 투자의 기본에 충실한 개념으로서 한 개의 상품으로도 어떤 외부의 영향이나 환경변화의 상황에서도 즉각 대처할 수 있는 능력이 매우 뛰어난 상품이라는 것을 의미합니다.

수익형 부동산 투자하지 마라! 이걸 알 때까지!

## 수익성

제주의 강남 연동이라는 점, 연동에서도 가장 중심이 되는 그랜드호텔 사거리 코너 바로 옆이라는 입지조건, 또는 제주에서 가장 관광객이 많이 찾고 소비를 많이 하는 제주 최고의 자리라는 입지조건으로 봤을 때 직주근접의 당 레지던스의 임대와 숙박 수요는 무궁무진할 것입니다. 더욱이 이곳 제주시 연동의 땅값은 제주에서 최고 수준으로서 당 사업지도 지속적으로 땅값 상승률이 예상되며, 일정 기간 후 시세차익을 크게 볼 수도 있다는 점에서 이곳의 수익성도 매우 높을 것으로 전망됩니다.

특히 당 사업지에서 불과 약 700미터 정도에는 호텔, 카지노, 쇼핑몰, 스파, 수영장 등의 최고급 복합리조트인 제주드림타워가 내년에 오픈 예정으로 이곳에 거주하는 종사자만 몇천 명에 이를 것으로 예상된다는 점과, 당 사업지 남쪽과 북쪽으로 예정된 오라관광단지(예정)와 웰컴시티(예정) 개발이 완료된다면 1~2인 거주의 임대수요가 폭증할 수 있다는 점, 현재보다 배후수요가 엄청날 수 있다는 점에서 이러한 것은 수익성을 뒷받침해줄 수 있는 엄청난 요소라고 할 수 있습니다.

## 환금성

땅값이 제주에서 가장 높은 수준의 연동에서, 그것도 가장 사람이 많이 모이는 그랜드호텔 사거리 쪽에 위치하는 전 세대 테라스 적용된 수익률 높은 레지던스라면 임대수요가 많을 것이고, 또한 땅값이 계속 상승할 확률이 매우 높기 때문에 전체적인 투자성이 높을 것입니다. 결국 이런 부동산은 투자대상으로 최상이라는 점에서 매수자가 많을 수밖에 없을 것이라고 예상되기에 환금성도 좋을 수밖에 없다고 생각합니다.

### 적응성

'J 테라스'는 외부 투자환경의 변화에 즉각 대처할 수 있는 적응성이 매우 뛰어난 레지던스로서 그 가치가 부각되고 있습니다. 관광객의 숙박용이나 1~2인 거주자를 위한 임대용으로 활용하다가 상황변화에 따라 입주를 하거나 세컨드하우스 및 은퇴생활용으로 활용될 수 있는 등 외부의 변화에 즉각적으로 대응할 수 있는 적응성이 매우 뛰어나다고 분석됩니다.

즉 어떤 위기상황에서도 그에 맞게 대응할 수 있다는 점에서 요즘 같은 불경기에 틈새상품이 되는 것이죠.


## 12. 이곳이 저평가된 객관적인 증거

일반적으로 현재의 입지와 땅값 대비 해당 부동산 분양가의 비율이 얼마나 되는지 분석해보면 저평가되었는지 또는 고평가되었는지를 정확히 알 수가 있습니다.

수익형 부동산 투자하지 마라! 이걸 알 때까지!

📍 예시 〈제주 연동/노형동 소형 부동산 분양가 분석, 단위: 천 원〉

| 사업명/위치 | 종류 | 1세대<br>계약면적 | 분양가 | 공시지가<br>(1㎡) | 공시지가대비<br>1㎡당 분양가가<br>차지하는 비율 |
|---|---|---|---|---|---|
| A/연동 | 오피스텔 | 63.14 | 226,326 | 2,236 | 160% |
| B/노형동 | 오피스텔 | 64.92 | 247,970 | 2,247 | 170% |
| C/연동 | 레지던스 | 39.24 | 136,000 | 2,469 | 140% |
| J 테라스<br>/연동 | 레지던스<br>(D타입) | 32.43 | 164,480 | 4,651 | 109% |
| | 레지던스<br>(C1타입) | 48.27 | 244,398 | 4,651 | 109% |
| | 레지던스<br>(A1타입) | 39.39 | 197,934 | 4,651 | 108% |

※ 일부 필지만 대상으로 했다는 점과 설계구조가 다를 수 있어서 차이가 날 수 있음
※ 분양가 등의 수치는 공식 수치가 아니므로 약간 다를 수 있음

특히 어디에 위치하는지 등의 입지에 대한 평가는 땅값이 말해주며 이러한 사항은 정부가 조사 및 평가해서 공시지가로 적용하기 때문에 정부에서 평가해 놓은 개별공시지가와 현장의 분양면적, 그리고 분양가를 분석해서 공시지가 대비 1㎡당 분양가가 차지하는 비율을 계산해보면 어떤 현장의 분양가가 저렴한지 또는 저평가되었는

지를 정확히 예측해낼 수 있습니다.

제주에서 땅값이 가장 비싼 수준인 연동과 그 주변 노형동의 4개 현장의 공시지가 대비 1㎡당 분양가가 차지하는 비율을 분석한 결과에 의하면 당 현장은 109%, A현장은 160%, B현장은 170%, C현장은 140% 등으로 조사되었습니다.

이 비율은 토지가격 대비 1㎡당 분양가가 차지하는 비율 즉 1㎡의 땅에 분양가는 얼마가 책정되는지를 의미하는 것으로서 이 수치가 낮다는 것은 땅값 대비 분양가가 저렴하다는 것이며, 이 수치가 높다는 것은 땅값 대비 분양가가 높다는 것을 의미합니다.

물론 분양현장 별 타 필지 가격이나 구조 그리고 전용률 등의 여러 변수가 있을 수 있지만 결과에 의하면 수치가 10~20%도 아니고 꽤 많이 차이가 난다는 점에서 당 현장이 매우 저평가되었다는 것을 의미하는 객관적인 증거라 할 수 있습니다.

따라서 위 내용에 의하면 'J 테라스'는 **땅값 대비 매우 저렴한 분양가로 책정되었다**는 점을 알 수 있으며, **땅값이 제주에서 손꼽을 만큼 비싼 부지이지만 분양가는 그 땅값만큼 높지 않다**는 점에서 매우 저평가되었다고 할 수 있는 것입니다.

결국 **저평가되었다면 이후 시세차익을 볼 확률이 높다**는 것을 **의미**하겠죠.

## 13. 활용도 분석

'J 테라스'는 1~2인 가구나 관광객이 머물 수 있는 소형 부동산(레지던스)으로서 다음과 같은 여러 가지 용도로 활용될 수 있습니다.

### 실거주 용도

'J 테라스'는 일부 세대의 경우 제주 앞바다 뷰가 가능한 쾌적한 주거환경과 생활편의시설 접근성이 매우 좋은 제주의 가장 번화한 중심지이기 때문에 직접 살기를 원하는 실거주 용도로 활용될 수 있습니다.

또한 제주시민뿐 아니라 전국 각지의 제주도 이주를 희망하는 사람들이 거주할 실거주 용도의 주택 대상이 될 수도 있습니다.

### 임대용

'J 테라스'의 용도는 레지던스이며, 1~2인 가구가 거주하기에 적합한 실면적 약 7~8평(테라스 포함 약 9~13평) 정도의 크기로서 주변의 풍부한 거주자들의 임대용으로 활용될 수 있습니다.

특히 현재도 제주 최고의 번화가라는 입지로서 주변의 직주근접 수요가 풍부하지만 주변지역에 내년 제주드림시티 복합리조트가 입주하게 되거나, 웰컴시티 사업(예정)과 오라관광단지(예정)까지 개발이 된다면 그 임대 수요는 폭발할 정도로 증가할 수 있다는 점에서 **임대용으로 활용될 가능성이 매우 크다**고 할 수 있습니다.

### 숙박용

'J 테라스'가 위치한 곳은 제주시 관광객이 몰리는 누웨모루 거리의 길 건너 앞쪽에 위치한다는 점에서 관광객을 위한 단기 숙박용으로 활용될 수 있으며, 입지적인 조건이나 관광객이 쇼핑이나 관광을 쉽게 할 수 있는 **번화가의 최중심지에 위치한다는 점에서 숙박용으로 활용될 가치가 매우 높다고 분석됩니다.**

### 수익형/투자형 용도

제주도는 전국에서 가장 투자가치가 높은 관광지로서 중국인을 비롯한 전 세계 투자자들의 투자가 이뤄지고 있는 투자 유망지역으로써 유입인구가 전국 최고이며, 제주시 연동의 경우 최근 토지나 집값이 떨어진 적이 없을 정도입니다. 중국의 사드 보복 기간에도 땅값은 지속적으로 상승한 곳이기도 합니다.

특히 당 사업지의 경우는 공시지가로 평가했을 때 지난 10년간 약 340% 정도 땅값이 폭등한 제주의 강남이라는 연동의 최중심에 위치한다는 점에서 투자가치가 매우 높은 곳입니다.

따라서 투자를 하고 전세나 월세 또는 숙박용으로 임대수익을 올린 후 일정기간이 지나면 부동산값도 덩달아 오를 확률이 높기 때문에 **투자형이나 수익형의 최고 투자대상**이 되는 것입니다.

### 세컨드하우스 용도

잠시 일상을 떠나서 편안하게 휴식할 수 있는 집을 세컨드하우스라 할 수 있으며, 'J 테라스'는 주변 환경 등으로 보았을 때 세컨드하우스 용도로도 손색이 없는 곳입니다.

언제든지 휴식이 필요할 때 제주도 별장이나 집처럼 자유롭게 활용할 수 있는 **세컨드하우스 용도로도 최고**라 할 수 있습니다.

### 은퇴생활 용도

우리나라의 은퇴자나 은퇴 예정자들의 은퇴생활 로망은 제주도에서 사는 것이라고 할 정도로 제주도는 은퇴생활지로서 인기가 매우 높은 곳입니다. 'J 테라스'는 제주도 관광이나 자연은 물론 주거환경이나 교통환경 그리고 생활편의시설 접근성 등에서 **은퇴생활지로의 활용성이 매우 높은 곳**입니다.

이러한 활용도는 최근 같은 불확실 시대에 가장 중요한 요소로 평가되고 있습니다.

과거 분양형 호텔들이 사드 보복의 영향으로 줄줄이 운영부실이나 계약불이행으로 사회적 문제가 되었던 것도 어찌 보면 외부의 어떤 변화에 능동적으로 대처하지 못했기 때문에 발생했다고 할 수 있습니다. 즉 호텔은 숙박기능 외에는 다른 용도로 활용할 수가 거의 없다는 점에서 사드 같은 외부의 충격에 쉽게 흔들린 것이 아닌가 생각합니다.

이에 반해서 'J 테라스'가 이렇게 활용도가 높다는 것은 외부의 정치적 영향이나 변화가 들이닥쳤을 때에도 능동적으로 대처할 수 있다는 것을 의미해 안전성이 매우 높다는 것입니다.

따라서 최근 같은 상황에서는 **수익형 부동산이라도 이러한 멀티 활용도의 여부는 투자물건 선택의 매우 중요한 사항이 된다고 판** 단합니다.


## 14. 이 시기 최고의 상품이라고 주장하는 이유

내수부진, 금리상승, 투자위축, 부동산 침체기, 수출부진 등등 부동산 투자의 삼중고를 넘어 오중고라고 해도 될 지금, 'J 테라스'가 가장 적합한 투자 상품이라고 주장합니다.

그 이유는 수익성과 우수한 입지조건은 물론이고 분석한 물건 중에서 가장 안전한 상품이라는 점 때문입니다.


요즘 같은 불확실한 상황에서 몇 년간 수익률을 보증해준다는 조건을 보고 선뜻 투자를 할 수 있을까요?

어떻게 상황이 변할지 모르는 요즘 같은 시기에는 뭐니뭐니 해도 투자의 안전성이 최고가 아닐까 생각합니다.

그래서 제가 수많은 현장을 분석한 결과 'J 테라스'에 미치게 된 것이고 이 분석한 내용을 토대로 책을 내고 이 사업을 시작하게 된 것입니다.


수익형 부동산 투자하지 마라! 이걸 알 때까지!

그러면 'J 테라스'는 어떤 점에서 최고의 안전한 상품일까요?

어떤 분들은 시행사가 어디고 시공사는 1군 건설사 또는 메이저 건설사라서 그 사업의 안전성이 최고라고 여기는 분들도 있지만, 이런 사업 추진사에 대한 안전성은 대부분 자금관리를 신탁사가 진행한다는 점에서 관리신탁이냐 개발신탁이냐에 약간의 차이는 있지만 요즘은 거의 안전한 사업으로 평준화되었다고 할 수 있어 선택의 큰 변수는 아니라고 생각합니다.

저는 수익성도 좋지만 그보다 입주 이후의 안전성이 가장 중요하다고 생각합니다.

'J 테라스'는 세계적인 관광지인 제주도에서도 관광객이 많기로 유명하고 신도심의 가장 번화가인 연동 그랜드호텔 사거리 MAISON GLAD 호텔 바로 옆에 위치하는 입지로서 시세차익을 낼 수 있는 투자성이 매우 높은 곳입니다. 1~2인 거주가 가능하며, 관광객을 대상으로 단기 숙박도 가능하면서 장단기 임대도 가능하며, 또는 투자자가 직접 거주할 수도 있고, 세컨드 하우스나 은퇴생활용으로도 손색이 없는 다용도의 소형 부동산입니다.

활용도로 보면 별 여섯 개를 줄 수 있는 상품으로서 이런 상품은 현재로서는 매우 드문 케이스라고 분석됩니다.

물론 제주 연동에서도 비슷한 물건도 있지만 대부분 변두리나 중심 번화가가 아닌 좀 벗어난 곳에 위치한다는 점에서 'J 테라스'의 멀티 활용도를 따라올 수 없다는 것이지요.

이렇게 멀티 활용도는 투자환경이 어떻게 변할지 모르는 작금의 상황에서 가장 안전하다고 평가되는 것이며, 어떤 상황이 오더라도 이 상품은 카멜레온처럼 변화무쌍하게 불확실한 변수에 대응할 수 있다는 점에서 최고로 평가되는 것입니다.

예를 들어서 잘나가는 평택 역세권의 오피스텔하고 비교해보면 평택 모 역세권의 A라는 오피스텔이 수익률 몇 %로 예상되는 최고의 상품이라고 하더라도 이 A오피스텔은 임대용과 직접 거주 정도의 활용도에서 별 2개 정도로 그 외에는 앞으로 알 수 없는 미래의 리스크에 대처하기에는 위험성이 클 수밖에 없다고 생각합니다.

국내 제조업은 계속 추락하는 추세라서 반도체산업까지 휘청거리는 날에는 별도의 대응책이 없다는 점에서 그 리스크가 클 수밖에 없습니다.

결국 이 A상품에는 1~2년 또는 몇 년 정도의 수익률 정도만 보고 투자를 해야 하기 때문에 위험성이 크다는 것입니다.

반면에 'J 테라스'는 기대수익률도 높지만 미래의 불확실한 리스크에 다용도로 대처할 수 있다는 점에서 최고의 안전 상품이면서 불확실한 이 시기를 뚫고 나갈 최고의 상품이 된다고 주장합니다.

우리나라 관광산업은 우리만 또는 제주만 보유하고 있는 경쟁 대상이 없는 고유업종으로서 앞으로 더 발전할 미래 가치가 매우 높은

수익형 부동산 투자하지 마라! 이걸 알 때까지!

산업으로 전망되기 때문에 미래성이 상당히 밝다고 할 수 있습니다.

관광객을 대상으로 숙박용으로 활용하다가 관광객이 줄어든다면 전월세의 임대용으로 활용해도 되고, 임대를 놓다가 세컨드하우스로 활용할 수도 있습니다. 아니면 제주도로 이주해서 직접 거주용으로도 활용할 수 있고, 또는 향후 은퇴생활을 할 수 있는 곳으로도 활용할 수 있다는 점에서 이 상품은 제주도라는 점과 제주의 강남 연동 중에서도 가장 번화한 곳이라는 점, 그리고 상품의 구조적 장점까지 최대한 활용할 수 있다는 점에서 투자환경의 변화에 대응할 수 있는 적응력이 대한민국 최고라 분석됩니다. 그래서 요즘 같은 **불확실한 상황에서 최고의 투자상품이라고 주장하는 것입니다.**

# 4부
# 실전 응용

# 세컨드하우스로 활용하기

### 01. 세컨드하우스는 꼭 전원주택이어야 하나?

일반적으로 세컨드하우스를 떠올리면 숲 속의 별장이나 전원주택이 바로 연상될 수 있으며, 이러한 별장이나 전원주택은 도심지에서 다소 떨어진 한적한 곳에 위치하는 경우가 대부분이었죠.

이런 곳이라면 1년에 한두 번 또는 가끔 주말 정도에 가족끼리 휴식이나 모임을 하기에 최고라 할 수 있습니다.

그런데 이런 별장이나 전원주택의 경우는 부지가 넓고 건물도 단독주택이나 연립 수준으로서 보통 일반인들에게는 가격적인 면에서 현실적으로 접근하기가 사실상 꿈 같은 얘기가 됩니다.

또한 외곽이나 산속 또는 해안가의 한적한 곳에 위치한다는 점에서 투자성이 매우 낮을 가능성이 크다는 점도 맹점이며, 교외에 위치한다는 점에서 전월세나 단기임대 등으로 활용해서 사용하지 않을 때에는 임대소득을 올리기에도 쉽지 않겠죠.

이렇다 보니 매수자를 찾기가 어려워서 환금성이 썩 좋지 않고 현금화하려면 대부분 손해를 보고 급매로 내놓던가 해야 할 상황으로 투자하고는 거리가 멀 수밖에 없습니다.

한 가지 더 생각해봐야 할 것은 이런 전원주택은 평소 세컨드하우스로 사용하다가 은퇴 후 은퇴생활을 위한 용도로 사용할 수도 있겠지만, 최근의 트렌드를 감안한 은퇴생활에 맞추려면 생활편의시설 접근성이 좋아야 하고, 관리비가 낮아야 하며, 교통이 편리해야 합니다. 그런 점에서 숲 속 별장이나 전원주택은 거의 낙제점이라 할 수 있기 때문에 현실적인 은퇴생활을 원하는 분들에게는 은퇴 생활용 주택으로는 적정치 않다고 판단됩니다.

따라서 요즘 추세라면 일반인으로서는 이러한 전원주택이나 별장은 세컨드하우스로는 적정치 않을 수도 있습니다.

물론 수십억 원 정도의 자산가라면 이 정도의 별장이나 전원주택을 사용하고 유지하는 비용은 부담이 가지 않을 수 있습니다만 요즘 같은 불경기에 일반인들은 상상도 못할 대상이라고 생각합니다.

## 02. 'J 테라스'는 세컨드하우스로 적정한가?

'J 테라스'는 제주시 신도심 연동의 번화가 일대에 들어설 지하 2층에서 지상 19층의 주상 복합 건물로 건립될 예정이며, 2020년 10월경 준공 예정입니다.

**그러면 'J 테라스'는 세컨드하우스로 적정할까요?**

### 주변환경

보통 세컨드하우스를 필요로 하는 이유는 잠시 혼잡한 도심지 생활을 벗어나서 제주도 같은 세계적인 휴양 관광지에서 쉬고 싶어서일 경우가 많습니다. 그런 점에서 자연적인 환경이 뒷받침되는 제주도라면 세컨드하우스로서 적정하다고 생각합니다.

'J 테라스' 현장이 위치한 곳의 주변은 제주의 강남이라는 연동에서도 가장 번화한 그랜드호텔 사거리에 위치하며, 이곳은 로데오 거리(누웨모루 거리)가 바로 앞쪽 길 건너에 있어서 제주의 관광과 문화가 병존하고 있는 곳이기도 합니다.

바로 집 앞에 바다가 있어 제주도의 전형적인 시골풍경을 그대로 느낄 수 있는 곳은 아니지만 일부 기준 층 이상에서는 바다 뷰가 가능할 수 있다는 점, 전 세대에 비교적 탁 트인 조망이 가능한 점, 그리고 전 세대 테라스가 적용된다는 점 등에서 세컨드하우스로도 손색이 없어 보입니다.

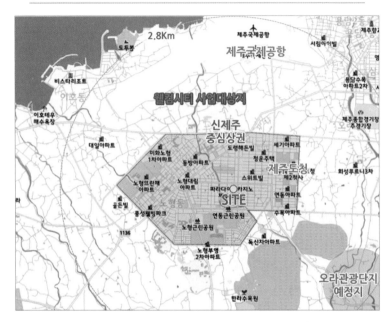

[참조: 온나라지도]

물론 차량으로 5~10분만 가면 제주 바다를 무한정 감상할 수 있으며, 20~30분 정도의 거리에는 한라산과 민오름, 남조순오름, 검은오름 등의 명품 트레킹 코스가 위치해 있어서 자연과 함께 힐링할 수 있는 세컨드하우스로도 최고의 환경이라 할 수 있습니다.

**접근성**

세컨드하우스의 접근성도 매우 중요한 요소이며, 'J 테라스'는 제주공항에서 직선거리로 약 3km 정도여서 차량으로 약 5-10분대면 충분히 접근이 가능하기 때문에 매우 우수한 교통 접근성을 지녔습니다.

과거 세컨드하우스는 전원주택이라는 인식이 강해서 숲 속이나 바닷가에 위치한 세컨드하우스를 최고로 여기던 때가 있었습니다. 하지만 생활하기가 불편하다는 점과 불편한 교통 접근성 때문에 최근에는 교통이 좋고 시내 병·의원이나 마트, 금융기관 등의 생활편의시설 접근성이 좋은 곳의 세컨드하우스를 더 선호하는 소비자가 늘고 있다는 것에 주목해야 합니다.

특히 세컨드하우스를 넘어서 향후 은퇴생활을 하고자 하는 분들이나 은퇴 예정자들에게는 이러한 조건이 더욱 중요한 요소라 할 수 있습니다.

한때는 전원적인 생활을 할 수 있는, 도심과 다소 떨어져 있는 곳을 선호했지만, 현재는 생활이 불편해서 다시 도심 접근성이 좋은 곳으로 나오고 있으며, 고령자에게는 이러한 점이 더욱 필요하다고 생각합니다.

이런 점에서 도보권 또는 근거리에 대형마트, 병원, 은행, 공공기관, 면세점, 호텔 등이 위치해 있는 'J 테라스'는 도심형 세컨드하우스로서 최고의 접근성을 지녔다고 분석됩니다.

## 관리/유지 보수

세컨드하우스라면 단독형태 또는 소수 세대의 별장을 많이 생각할 수 있지만 이 경우에는 별도의 관리인이 필요하며, 그 주택을 유지하는 관리비와 보수비가 매우 높다는 점에서 대중적이지 못할 수 있기 때문에 일반인은 엄두를 내기 어려울 수 있습니다.

하지만 'J 테라스'는 주상복합건물로서 건물 내의 관리사무실에서 통제나 보안 등의 기본적인 공동관리를 할 예정이기 때문에 관리 및 유지보수 하기가 매우 수월하며, 중앙난방 방식으로 객실에 보일러실이 없는 등 관리비 또한 상대적으로 저렴할 수 있습니다.

따라서 이곳은 관리 및 유지보수 차원에서 비용이 적게 들고 편리하다는 점에서 **세컨드하우스로서 가성비가 매우 높은 곳이라 분석**됩니다.

## 투자 금액

일반인들이 세컨드하우스에 투자를 하기 위한 걸림돌 중 가장 큰 이유는 투자금액일 수 있습니다. 별장형(단독)처럼 너무 비싸서는 안 되며, 요즘 같은 시기에는 비교적 저렴한 형태의 실속형 소가구 구조가 바람직하다고 할 수 있습니다.

물론 1~2인 소가구 형태는 너무 작아서 맞지 않을 수 있다거나 좀더 넓은 구조를 원하는 경우도 있겠지만 대가족용이 아니거나 향후 관리비나 환금성을 생각한다면 소가구 형태도 무난할 수 있다고 생각합니다.

따라서 적정한 구조와 형태의 부동산에, 투자금액은 저렴한 곳이어야 매우 적정하다고 본다면, 'J 테라스'의 경우 주로 1억 중후반에서 2억 원대의 투자금액대로서 비교적 저렴하고, 대출을 빼면 약 8~9천만 원대의 실투자 금액 정도로도 투자가 가능하기 때문에 적당하다고 분석됩니다.


## 03. 제주도에 세컨드하우스를 마련해야 하는 이유

강원도나 수도권 근교 등에 세컨드하우스를 마련해도 되는데 왜 굳이 제주도에 마련해야 할까요?

세컨드하우스를 제주도에 마련해야 하는 이유는 다음과 같습니다.

### 제주도만의 독특한 환경

제주도의 환경은 대한민국에서 이곳에만 존재하는 매우 독특하고 이국적인 환경이라 할 수 있습니다.

경기도 부근의 유명 전원주택단지나 청평 등의 호숫가 주변, 그리고 강원도 등의 주요 세컨드하우스 지역 환경과는 사뭇 다른 제주만의 이국적인 자연환경을 자랑하기 때문에 일상을 떠나 수도권에서 느껴보지 못하는 제주도만의 독특한 환경을 접하고 싶다면 제주도에 세컨드하우스를 마련해야 합니다.

### 미래의 투자 가치

세컨드하우스는 평소 도시를 떠나서 잠시 휴식하는 곳으로 구입을 할 수 있지만 일정 기간이 지난 후 그 물건의 상승가치까지 생각을 해야 한다는 점에서 미래의 투자가치도 매우 중요한 요소입니다.

따라서 제주도는 전국 최고의 투자가치를 지닌 국제관광지로서 제주도에서도 좋은 입지환경과 투자성이 높은 곳이라면 세컨드하우스의 투자가치가 매우 높다고 할 수 있습니다. 그래서 가능하면 투자가치가 높은 제주도에 세컨드하우스를 마련해야 하는 것입니다.

우리가 흔히 "나중에 은퇴하면 나는 제주도에 가서 살고 싶다"는 말을 은연중에 하곤 하는데 이렇듯 제주도에서 살고 싶은 잠재 수요자가 많다는 점에서도 투자가치가 높을 수밖에 없다고 생각합니다.

### 이국적인 삶과 온화한 기후

제주도는 우리나라의 최남단 섬으로서 평균기온이 높아서 겨울에도 주거지나 시내에서는 눈 구경하기가 쉽지 않으며, 길거리에서 야자수를 보는 것이 어렵지 않을 정도로 온화한 기후를 지닌 곳입니다.

이런 따듯한 곳에서 이국적인 삶을 체험하거나 살고 싶다면 제주도에 세컨드하우스를 마련하는 것이 좋습니다. 이후 은퇴생활을 이곳에서 할 수도 있기 때문에 세컨드하우스, 은퇴생활, 투자라는 1석 3조의 효과를 노릴 수 있습니다.

## 04. 세컨드하우스는 어떻게 활용해야 하나?

세컨드하우스라는 곳은 언제나 내가 필요로 하는 시기에 가서 편안하게 쉴 수 있어야 합니다. 그래서 항상 비워 놓고 관리만 하다가 주말이나 휴가 때 세컨드하우스를 사용할 수 있는 것이죠.

**그러면 세컨드하우스를 어떻게 활용하는 것이 좋을까요?**

### 자주 사용할 때

주말 등 편한 시간에 자주 세컨드하우스에 가서 휴식이나 생활을 하고 싶다면 평소 'J 테라스' 같은 세컨드하우스는 그냥 공실로 비워 두거나 단기숙박용으로 활용해야 합니다.

전월세를 주거나 임시 숙소로 세를 주게 되면 원하는 시간에 가서 사용할 수 없기 때문에 세컨드하우스의 취지에 맞지 않겠죠.

따라서 그냥 비워 두거나 단기숙박용으로 활용하다가 내가 필요할 때 언제든지 가서 생활을 할 수 있도록 해야 합니다.

### 가끔 사용할 때

가끔 1~2년에 한두 번 정도 가서 사용을 하는 용도라면 1년 또는 2년의 기간 동안 월세나 전세 또는 위탁운영을 맡겨서 활용할 수가 있습니다. 그래서 전월세 기간이 지나면 잠시 내려가서 사용을 하고 또 다시 세를 놓는 것이죠.

쾌적하고 편리한 주거환경을 필요로 하는 수요자가 충분히 있기 때문에 이렇게 활용한다면 1석2조의 효과를 거둘 수 있습니다.

### 일정 기간이 지난 후 필요할 때

당장 세컨드하우스로 사용할 계획은 없으며, 일정 기간이 지난 뒤에 세컨드하우스로 활용하고자 한다면 그때까지 전월세를 놓거나 위탁운영을 맡기고 필요한 시기가 되면 세입자를 내보내고 그때부터 세컨드하우스로 이용할 수 있습니다.

물론 지금 저렴할 때 사두었다가 세를 주고서 향후 은퇴 이후에 직접 입주해서 은퇴생활을 하는 용도로 사용할 수도 있습니다.


## 05. 이런 세컨드하우스는 누구에게 필요할까?

제주시 연동 투자가치가 높은 번화가에 들어설 'J 테라스'를 세컨드하우스로 활용한다면 누구에게 가장 필요할까요?


### 쾌적한 제주도에 세컨드하우스가 필요한 사람

'J 테라스'의 경우 북쪽으로는 제주 앞바다가, 남쪽으로는 한라산이 보이는 곳에 들어서며, 주변에는 제주의 독특한 검은오름, 민오름 등의 트레킹 코스가 위치하는 등 천혜의 자연환경에 둘러싸인 곳으로서 주거환경이 비교적 쾌적한 곳입니다.

따라서 **제주도에서 도시처럼 생활하기를 원하거나** 또한 천혜의 **자연을 만끽하고 싶다면 이곳을 선택**해야 합니다.

## 투자까지 생각하는 사용자

세컨드하우스에 투자하는 이유는 여가시간을 보내기 위한 것인데, 여기에 일정 기간이 지나서 시세차익 등의 투자가치 상승까지 생각하는 사용자라면 'J 테라스' 부지는 이전 땅값 상승의 기세가 계속 이어질 수 있기 때문에 꼭 필요한 대상이라 생각합니다.

**부동산 투자가치가 가장 높은 제주도라는 점,** 그리고 제주도에서도 당 사업지가 위치한 **연동의 땅값 상승률이 가장 높은 지역 중의 한 곳이라는 점**에서 투자가치가 매우 높다고 분석됩니다.

📍 당 사업지(연동 263-2)의 공시지가(㎡) 변동표

| 신청대상 토지 | | | 확인내용 | | |
|---|---|---|---|---|---|
| 가격<br>기준년도 | 토지소재지 | 지번 | 개별공시지가 | 기준일자 | 공시일자 |
| 2018 | 제주시 연동 | 263-2 | 4,651,000 | 01월 01일 | 2018-05-31 |
| 2017 | 제주시 연동 | 263-2 | 4,212,000 | 01월 01일 | 2017-05-31 |
| 2016 | 제주시 연동 | 263-2 | 3,635,000 | 01월 01일 | 2016-05-31 |
| 2015 | 제주시 연동 | 263-2 | 2,597,000 | 01월 01일 | 2015-05-29 |
| 2014 | 제주시 연동 | 263-2 | 2,067,000 | 01월 01일 | 2014-05-30 |
| 2013 | 제주시 연동 | 263-2 | 1,860,000 | 01월 01일 | 2013-05-31 |
| 2012 | 제주시 연동 | 263-2 | 1,740,000 | 01월 01일 | 2012-05-31 |
| 2011 | 제주시 연동 | 263-2 | 1,590,000 | 01월 01일 | 2011-05-31 |

| 2010 | 제주시 연동 | 263-2 | 1,480,000 | 01월 01일 | 2010-05-31 |
|------|-----------|-------|-----------|-----------|------------|
| 2009 | 제주시 연동 | 263-2 | 1,370,000 | 01월 01일 | 2009-05-29 |

[자료출처: 국토교통부 일사편리]

## 제주도로 이주하고 싶은 사람

지금은 세컨드하우스로 활용되지만 제주도에서 살고 싶다면 언제든지 이사를 와서 살아도 되기 때문에 향후 제주도로 이사를 오고 싶다면 이곳을 거주하는 집으로 활용할 수 있습니다.

따라서 제주도로 이주하고 싶은 사람들에게 꼭 필요하다고 생각합니다.

## 은퇴생활을 고려하고 있는 사람

지금 당장은 세컨드하우스로 활용해서 사용하다가 향후 은퇴를 한 후 은퇴생활을 제주도에서 하고 싶다면 이곳은 적정한 곳이며, 이런 사람들에게 꼭 필요한 곳입니다.

주거환경이 쾌적하고, 주변 관광지에서의 일거리가 풍부하며, 여가활동이나 취미생활을 하면서 생활을 하기에도 최적의 위치이기 때문에 이런 삶을 원하는 분들에게 꼭 필요한 곳입니다.

특히 몇 세대를 분양 받은 후 1세대는 거주용으로 나머지 세대는 임대수익용으로 활용한다면 은퇴생활과 은퇴자금 마련의 두 마리 토끼를 한꺼번에 잡을 수 있는 장점을 지닌 곳이기도 합니다.

# 2
## PART

# 안정적인 은퇴생활 하기

## 01. 은퇴 설계의 필요성과 중요성

지금의 40~50대는 어릴 적 살던 시골 동네에서 환갑잔치가 열리는 모습을 쉽게 볼 수 있었죠. 돼지도 잡고 가수도 초대해서 풍악을 울리고 하루 종일 동네 잔치가 벌어 졌던 기억이 납니다. 그 시절엔 60세까지 살면 장수했다고 여겨지던 때였기 때문인데요, 하지만 지금은 시골이라도 환갑잔치를 하는 가정은 거의 없다고 합니다.

사실 요즘 나이 60세 정도는 노인이라고 하기에도 애매한 연령입니다. 경제발전과 의학의 발달, 그리고 주거환경의 변화로 평균수명이 80세가 넘어가는 고령 사회에 진입했기 때문일 것입니다.

통계청 자료를 살펴보면 지금과 같은 속도로 평균수명이 늘어난다면 약 30~40년 뒤인 2050년경에는 여성의 평균수명이 100세에 근접할 수 있다고 나와 있는데, 이마저도 불로장생에 대한 끈임 없는 연구와 생명공학의 발달로 더 앞당겨 질 수 있다고 하니 정말 누구나 100세까지 살 수 있는 시대가 현실로 다가오고 있습니다.

또한 연령별 인구 구성을 살펴보면 2026년경에는 초고령화 사회에 진입할 것으로 예상되는데, 초고령화 사회란 전 인구 중 노인 비중이 20%를 넘는 사회를 말합니다. 즉 지금부터 약 7년 후부터는 거리에 나가면 5명 중 한 명이 65세 이상의 노인인 셈이 되는 것이죠.

통계청 자료의 더 충격적인 내용은 현재의 저출산율과 고령화로 인해서 2050년경에는 65세 이상의 노인이 전체인구 중 40%에 육박할 수도 있다는 것이며, 예상과 달리 그 시기가 앞당겨질 수 있다고 합니다.

이렇게 수명은 늘어만 가는데 경제적, 사회적 환경은 어떠한가요?
일자리는 줄어들고 명퇴나 정년퇴직 시기는 계속 앞당겨지고 있는 실정이며, 또한 부동산 장기 침체와 저금리 등의 영향으로 과거 70~80년대 이전처럼 퇴직금이나 집 한 채 또는 자식의 부양에 의존해서 노후를 보낸다는 것은 말도 안 되는 상황입니다.
물론 노후에 어떻게 하든 살아나갈 수는 있겠지만 삶의 질이 문제겠죠. 매일 서울 종로 파고다공원이나 무료급식소 등을 배회하면서 소일거리 없는 어려운 노인끼리 모여 끼니나 때우고 무의미하게 시간만 보내는 노후생활을 할 것인가, 아니면 자신이 좋아하는 일을 하거나 여행과 취미활동 등 풍요로운 여가활동을 하면서 노후를 보낼 것인가를 생각해 보아야 합니다. 거의 100%가 후자를 원할 것이며, 그래서 은퇴설계가 필요하고 중요한 것입니다.

일반적으로 40~50대의 연령대라면 자녀 성장에 따른 교육비 증가와 혼인비용 부담을 감당해야 하고 부모에 대한 부양도 함께 책임져야 하는 샌드위치 세대라 할 수 있습니다. 그 외에도 명예퇴직이나 조기퇴직, 건강 이상 등 자신의 커리어 상의 급격한 변화가 발생할 수 있는 시기로 경제적 또는 사회적으로 가장 힘든 연령대임에 틀림 없을 것입니다.

이렇게 재무적 또는 비재무적으로 어려운 상황에서 충분한 은퇴자금이 준비되어 있지 않다면 그 상황에서 부부 자신들의 은퇴를 위해 준비를 시작한다는 것 자체가 결코 쉬운 일이 아니겠죠. 그래서 젊을 때부터 준비해야 한다고 그렇게 입이 닳도록 얘기하는 것입니다.

이것은 4050세대를 경험해 보지 못한 세대는 이해를 하기가 쉽지 않지만 현재 40~50대나 이를 경험한 사람들은 뼈저리게 느낄 수 있는 내용일 것입니다.

## 02. 노후자금은 얼마나 필요할까?

인터넷 등에 검색되는 정보들을 종합해보면 우리나라 사람들의 은퇴자금은 보통 은퇴 전 생활비의 60~70%가 적당하다는 말이 있는데, 은퇴 전에 매월 300만 원 정도의 생활비가 들었다면 이것의 60~70%인 180만 원에서 210만 원이 필요하다는 것입니다.

하지만 이것은 일반적인 말일 뿐 어떤 사람은 더 필요할 수 있으며, 또 어떤 사람은 많거나 적정할 수 있으므로 사람마다 처한 환경에 따라서 모두 다를 것입니다.

그러나 재무설계에 있어서 적정한 은퇴자금은 은퇴 전 소득의 약 70~80% 정도의 소득대체율을 정해도 무방하다고 하는데 그러면 일반적인 생활비를 예를 들어 총 은퇴자금이 어느 정도 있어야 할까요?

지금 현재 40세의 남자가 65세부터 85세까지 약 20년간의 은퇴 기간 중에 매월 200만 원의 은퇴자금이 필요하다는 가정 하에 필요한 은퇴자금을 대략적으로 계산해보면 은퇴 시점(65세)에 약 9억 원 정도의 총 은퇴일시금이 준비되어 있어야 합니다.

은퇴 기간이 더 길어져서 100세까지 산다면 총 은퇴일시금은 약 15억 원으로 늘어나는데, 일반 서민들 입장에서는 거의 상상이 안 되는 규모입니다.

수익형 부동산 투자하지 마라! 이걸 알 때까지!

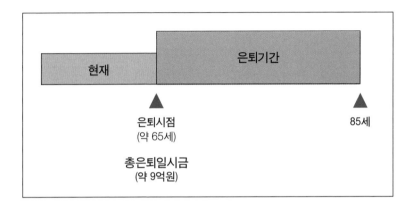

그러나 너무 낙담할 필요는 없죠. 아직 충분한 준비기간이 있고 우리들 대부분은 국민연금이나 퇴직연금 그리고 개인연금 등으로 준비하고 있으므로 이러한 것을 모두 차감하면 준비해야 할 은퇴자산은 약 50~60% 정도로 줄어들 수 있기 때문입니다.


## 03. 은퇴생활은 꼭 전원생활이어야 하나

요즘 인기 있는 TV방송 프로그램 중에는 오지와 같이 사람들이 거의 접근하기 어려운 곳에서 사는 자연인을 대상으로 하는 프로그램들이 많은 것 같습니다. 오지마을이나 산속 또는 무인도에서 집을 짓고 홀로 사는 자연인을 대상으로 유명 방송인이 찾아가서 며칠간 같이 생활하는 내용입니다.

이런 프로그램의 영향인지 몰라도 은퇴생활은 전원생활이나 숲 속에서 해야 하는 것으로 착각하는 분들도 있는 것 같습니다. 하지만 현실은 전혀 다르죠. 사실 이런 곳은 1년에 한두 번 정도 이용하기에는 최고라 할 수 있어도 은퇴자나 은퇴 예정자들 대부분이 평생 도시생활에 익숙해 있기 때문에 소수를 빼고 대부분 이러한 자연인 생활이나 전원생활이 맞지 않을 수도 있습니다.

전원주택의 경우는 부지가 넓고 건물도 단독주택이나 연립 수준으로서 보통 일반인들에게는 가격적인 면에서 접근하기가 사실상 꿈같은 얘기가 되겠죠. 또한 외곽이나 산속 또는 해안가의 한적한 곳에 위치한다는 점에서 투자성이 매우 낮을 가능성이 크며, 나중에 매도하려고 할 때 매수자를 찾기가 어려워서 환금성이 썩 좋지 않을 수 있어서 투자가치도 다소 떨어질 수 있다고 생각합니다.

결국 은퇴생활에 적합하려면 병원을 자주 찾을 수밖에 없는 고령의 특수성 등을 감안해야 하는 등 생활편의시설 접근성이 좋아야 하고, 관리비가 낮아야 하며 교통이 편리해야 합니다. 그런 점에서 자연인 생활과 전원생활의 대부분은 거의 낙제점이라 할 수 있기 때문에 이제 은퇴생활은 꼭 전원생활을 의미한다고 할 수는 없습니다.

따라서 은퇴생활지는 꼭 외곽의 전원생활이 아니더라도 현재 거주하는 생활 패턴에 어느 정도 맞으면서 **적당히 자연을 즐길 수 있**

는 쾌적한 주거환경에, 병원이나 마트 등의 생활편의시설 접근성이
좋으면서 교통이 편리한 곳이라면 은퇴생활지로서 최고가 아닐까
생각합니다.


## 04. 은퇴자금 마련을 위한 마땅한 수단이 없다

은퇴자들의 은퇴자금이나 노후생활비는 거의 보유하고 있는 현금
이나 국민연금 또는 개인연금 등이 대부분일 것이며, 일부는 임대수
익이나 직접 자영업 등의 경제활동으로 벌어들이는 소득이 전부일
것입니다.

재산이 많은 은퇴자나 예정자 또는 공무원 연금을 수령하는 사람
들은 노후생활에 큰 걱정이 없겠지만 일반 대다수의 은퇴자나 은퇴
예정자들의 고민은 그 기나긴 은퇴기간에 어떻게 먹고 살아야 할지
고민이 많을 것으로 상상이 됩니다.

그렇다고 어르신들이 취업하기에도 거의 불가하고 늦은 나이에 보
유한 자금으로 자영업 등의 사업을 벌이기에도 위험부담이 매우 큽
니다. 얼마 안 되는 자금을 은행에 넣어 놓고 쥐꼬리만도 못한 이자
를 받아 본들 물가 상승률을 감안하면 마이너스 금리로서 원금을
깎아 먹는 꼴이 되어서 이마저도 마땅치 않은 등 한마디로 은퇴자금
을 마련할 마땅한 수단이 없다고 할 수 있습니다.

그래서 더 어렵다는 것입니다.

요즘은 금리가 오르는 시기라 은행에 예금하면 예금금리가 약 2% 정도로서 단기간에는 적정할 수 있지만 복리가 아닌 단리라는 점을 고려해야 합니다. 또한 장기적으로 금리는 다시 내려가서 저금리 기조가 더 심화될 수 있는 상황이어서 은행에 자금을 묻어 두고서 장기간 관리한다는 것은 좋은 방법이 아닙니다. 게다가 목돈의 현금을 보유할 경우 자식을 포함한 주변 지인들의 타깃이 되거나 보이스피싱 등의 사기를 당할 수도 있다는 점에서 적정하지 않다고 생각합니다.

그렇다고 주식에 투자한다는 것은 한번 실패하면 다시 일어서기가 거의 불가한 은퇴자나 은퇴 예정자들에게는 자살행위와 같고, 남 따라서 부동산에 잘못 투자했다가는 이 또한 주식투자만큼의 위험률이 높기 때문에 조심해야 합니다.

하지만 방법이 아주 없는 것은 아니죠. 일부의 경우는 오피스텔이나 상가 등의 수익형 부동산 투자로 월세수익을 통해서 은퇴자금 등으로 활용하는 경우도 있으며, 이 또한 옥석만 잘 가린다면 괜찮은 방법입니다.

심주호가 생각하는 은퇴자금 마련을 위한 방법은 다음 글에서 알아보겠습니다.

수익형 부동산 투자하지 마라! 이걸 알 때까지!

## 05. 부동산 / 주택연금 / 연금보험의 연계가 필요하다

우리가 은퇴기간에 활용할 수 있는 은퇴자금으로는 보통 국민연금, 주택연금, 개인연금, 현금 등이 대부분일 것이며, 일부 경제활동으로 얻는 수익이나 자식들에게서 받는 용돈이나 생활비가 전부일 것입니다.

하지만 이런 기본적인 것도 없거나 기금 고갈 위기의 믿지 못할 국민연금 정도 수령할 상황이라면 노후생활은 매우 궁핍한 환경에 노출될 수밖에 없습니다. 이렇다면 노후에 원하는 삶을 살면서 행복하게 보내기는 고사하고 고된 생활의 연속으로 삶의 질은 젊을 때보다 더 악화될 수 있을 것입니다.

그래서 결정권이 없어지는 고령이 되기 전에 주어진 여건 내에서 최선책을 마련해야 합니다.

그렇다고 신문이나 방송 그리고 인터넷에 떠도는 컨설턴트나 업체에 잘못 의뢰했다 가는 일부 사기를 당하거나 잘못 엮여서 더 어려운 상황을 맞이 할 수 있는 위험에 노출되는 것이 현실입니다.

그래서 필자는 오랫동안 연구해온 주택연금이나 '소형 수익형 부동산+즉시연금'의 방안이 가장 적정하고 안전한 방법이라 판단하고 이를 책으로서 널리 전파하고 있으며, 직접 대상이 될 만한 유망 주택이나 소형 수익형 부동산을 발굴하는 활동을 하고 있습니다.

## 주택연금을 활용하는 노후자금 마련 방법

주택연금은 가입 조건이 까다롭고 반드시 해당주택에 거주해야 자격이 주어집니다. 자유로운 삶을 원하는 은퇴생활에 걸림돌이 있지만 은퇴자금이 부족한 어르신들에게 정부가 보증하는 연금형태로서 잘만 활용한다면 꽤 괜찮은 노후자금 마련 방법입니다.

📍 주택연금 월지급금 예시표

| 연령 | 주택가격 | | | | | | | | |
|------|------|------|------|------|------|------|------|------|------|
|      | 1억원 | 2억원 | 3억원 | 4억원 | 5억원 | 6억원 | 7억원 | 8억원 | 9억원 |
| 50세 | 115 | 231 | 346 | 462 | 578 | 693 | 809 | 924 | 1,040 |
| 55세 | 153 | 306 | 459 | 612 | 766 | 919 | 1,072 | 1,225 | 1,378 |
| 60세 | 206 | 413 | 620 | 826 | 1,033 | 1,240 | 1,446 | 1,653 | 1,860 |
| 65세 | 250 | 500 | 750 | 1,000 | 1,250 | 1,500 | 1,751 | 2,001 | 2,251 |
| 70세 | 306 | 612 | 919 | 1,225 | 1,532 | 1,838 | 2,144 | 2,451 | 2,757 |
| 75세 | 382 | 764 | 1,146 | 1,528 | 1,910 | 2,292 | 2,674 | 2,999 | 2,999 |
| 80세 | 488 | 976 | 1,464 | 1,953 | 2,441 | 2,929 | 3,330 | 3,330 | 3,330 |

- 종신지급방식, 정액형, 2018.3.2일 기준
- 일반주택, 단위: 천원

[출처: 한국주택금융공사 홈페이지]

부부가 계속 그 주택에 살면서 집을 담보로 주택연금을 받아서 노후자금으로 활용하려면 꼭 필요한 방법입니다.

위 예시표는 한국주택공사 홈페이지에 나와 있는 것으로서 시세가 아닌 감정가 3억 원의 주택을 보유한 70세의 어르신이 가입할 경우 종신토록 월 90만 원 정도를 수령할 수 있다는 결과입니다.

은퇴 자산이 거의 없이 집 하나 정도 보유한 분들이 자기집에서 그냥 계속 거주하면서 평생 그 집을 담보로 연금을 받으면서 생활할 수 있다는 점에서 어르신들에게 아주 좋은 상품임에 틀림없어 보입니다.

따라서 현재는 주택연금 신청조건에 해당되지 않거나 당장 연금이 필요 없는 40~50대의 중년은, 살고 있는 주택 이외에 별도로 은퇴자금을 마련할 수 없는 상황이거나 마련한 것이 없다면 향후 이러한 주택연금을 적극적으로 활용하는 것도 주어진 상황에서 상당히 좋은 방법이라 분석됩니다.

## 즉시연금을 활용하는 노후자금 마련 방법

노후자금으로 활용할 일정한 목돈이 있거나 또는 목돈을 마련할 수 있다면 연금보험(즉시연금)을 활용하는 것도 좋은 방법이라 생각합니다.

일정기간 거치한 후나 아니면 즉시 매월 연금을 수령할 수 있는 조건으로 가입한다면 은퇴기간에 매월 안정적으로 연금을 수령할 수 있습니다.

| 장점 | 단점 |
|---|---|
| - 안정적으로 매월 연금을 받을 수 있다.<br>- 해지가 거의 불가하다는 점에서 지인들의 타깃이 될 위험이 거의 없다.<br>- 평생 수령이 가능하다. | - 평균수명의 증가로 연금액이 낮다.<br>- 장기적으로 저금리의 영향으로 연금액이 낮아질 위험이 있다. |

즉시연금은 종신토록 연금으로 받을 수 있다는 점과 안정적으로 매월 연금을 받을 수 있다는 장점이 있지만, 시중 보험사에서 판매하는 연금보험 상품은 공시이율로 부리가 되는 상품이라는 점, 초기 사업비가 발생할 수 있다는 점, 그리고 평균수명의 증가로 연금액이 낮아질 수 있다는 등의 단점도 존재합니다.

## 06. 연금 형태의 시스템이 필요하다

공무원이나 샐러리맨들이 재정적인 면에서 자영업자보다 더 안정적인 것은 아마도 규칙적인 소득의 발생이 아닐까 생각됩니다. 음식의 경우도 그렇죠. 아침, 점심, 저녁 식사시간에 규칙적으로 챙겨 먹는 것이 아침을 거르고 점심은 간단히 때우고 저녁에 왕창 먹는 불규칙적인 식사보다 건강에 매우 유리하다고 전문의들은 이구동성으로 주장합니다. 불규칙적인 폭식을 한다면 당뇨나 위장병 그리고 비만 등에 매우 안 좋다고 하는데 소득도 마찬가지 원리가 아닐까 생각합니다.

어떤 달은 거의 소득이 없지만 어떤 달은 평소보다 더 많은 소득이 발생되는 불규칙적인 자영업자의 소득 시스템은, 규칙적으로 매월 소득이 발생되는 샐러리맨의 소득 시스템보다 스트레스도 심하고 자금적인 면에서도 유리할 수 없다고 생각합니다.

📍 소득 형태 비교

| 연금형태의 소득 | 불규칙한 소득 |
|---|---|
| - 매월 소득이 자동발생됨<br>- 복잡하게 신경 쓰지 않아도 됨<br>- 매우 안정적임<br>- 자녀들의 공격 대상이 될 확률 낮음 | - 노년에 직접 관리를 하기 어려움<br>- 항상 신경 써야 하고 복잡함<br>- 자녀들의 타깃이 될 수 있음 |

이렇게 되면 규칙적인 소비활동이나 저축 활동이 어렵고 결국 관리가 쉽지 않기 때문에 차곡차곡 돈을 모으는 일이 더 어려워질 수 있습니다.

따라서 더 안정적인 형태의 은퇴자금도 마찬가지이며, 자영업자처럼 불규칙하게 한꺼번에 받는 시스템보다는 월급쟁이처럼 매월 일정액을 꼬박꼬박 규칙적으로 받을 수 있는 연금 형태의 시스템이 반드시 필요하다고 주장합니다.

특히나 은퇴자들은 연령이 높아질수록 노화 현상으로서 계산이 무뎌지고 돈 관리가 쉽지 않다는 점에서 매월 일정액을 자동적으로 받을 수 있는 연금수령 시스템의 보유가 매우 중요한 것입니다.


## 07. 은퇴 전 활용하기

'J 테라스'는 2020년 10월경 준공 예정이며, 준공 이후 입주예정일부터 원한다면 입주해서 직접 거주해도 됩니다.

하지만 투자용도이거나 이곳에 입주를 하기 전까지는 일정한 기간이 소요될 수 있는데 투자자가 은퇴하기 전 즉 직접 입주하기 전까지는 어떻게 활용할 수 있을까요?

'J 테라스'는 제주시 연동 메종그래드 호텔 바로 옆에 위치하며, 현장에서 약 3km 정도에 제주 앞바다가 위치하는 등 제주시 신도심의 중심지이면서 연동의 쾌적한 환경에 속한 곳으로서 은퇴생활지로서 손색이 없는 장소라 할 수 있습니다. 특히 전 세대에 테라스가 제공되며 비교적 탁 트인 조망이 가능하다는 점, 그리고 주변 도보권에 마트나 병원, 은행 등의 생활편의시설이 위치해 있다는 점에서 제주도 은퇴 생활자에게 최고의 은퇴 생활지가 될 것이라고 예상됩니다.

따라서 상황상 당장 직접 입주해서 살 계획이 아니라면 또는 은퇴 전에는 입주하기 어렵다면 일정 기간 동안 전세나 월세 또는 숙박시설로 운영해서 임대수익을 올릴 수도 있습니다.

이곳은 쇼핑하려는 관광객이 많이 몰리는 곳이라는 점 그리고 직주근접의 임대수요가 많은 연동에 위치한다는 점에서 일반 생활숙박용이나 1~2인 거주시설 수요가 많기 때문에 높은 임대수익이 예상되고 있습니다.

아니면 은퇴 전에 그냥 비워 두고서 자주 내려가서 생활하는 용도나 가족과 또는 지인들과 함께 여가시간을 즐길 수 있는 세컨드하우스로도 활용할 수 있습니다.

## 08. 은퇴 후 활용하기

일정 기간이 경과한 후 제주도로 이사 가서 살아야 하겠다면 직접 입주해서 살아도 전혀 문제가 없습니다.

은퇴해서 은퇴생활을 이곳에서 해도 되며, 은퇴 전이라도 제주에서 가족과 함께 제주도의 자연 속에서 생활하고 싶다면 바로 입주해서 살 수도 있을 것입니다. 은퇴생활 주거지로 활용하다가 일정 기간 이후 은퇴 주거지를 변경할 때에는 다시 임대를 놓고 임대수익 용도로 활용할 수도 있습니다.

또한 자금적으로 여유가 있다면 몇 세대에 투자를 하고 1세대에는 직접 거주하면서 다른 1세대는 임대를 놓을 수도 있어서 잘 활용한다면 거주하면서 임대수익까지 노려볼 수 있으며, 은퇴자들에게는 은퇴생활과 은퇴자금 마련의 두 마리 토끼를 한꺼번에 잡을 수도 있는 구조적 장점을 지녔다고 분석됩니다.

### 실거주
'J 테라스'는 실제로 은퇴 이후에 입주해서 은퇴생활을 할 수 있습니다.

차량으로 5~10분만 가면 제주 앞바다, 그리고 20~30분 정도에는 한라산에 접근이 가능하기 때문에 제주의 자연과 함께 생활이 가능하며, 연동 중심지 번화가에 위치함으로써 은퇴생활 중 자주 찾거나 응급한 경우에 반드시 필요한 병원이나 마트 등의 생활편의시설 접근성도 서울 수도권 도심지 이상으로 우수하다는 점에서 은퇴생활하기에 최고라 할 수 있습니다.

또한 혼자 또는 부부가 비용을 아끼면서 생활하기에도 최적의 구조라 할 수 있기 때문에 여러 가지로 이곳은 최고의 은퇴생활지로 평가됩니다.

### 실거주 + 직접 관리
자금적인 여유가 있다면 1채는 직접 입주해서 거주를 하고 2~3채는 은퇴자금 마련을 위해서 직접 에어bnb 등의 앱이나 인터넷에 올려서 제주 관광객을 대상으로 숙박업을 할 수도 있습니다.

건강이 허락한다면 하루에 2~3채 호실의 청소 등을 관리하고 손님도 직접 인터넷, 앱 등을 통해서 객실 영업을 한다면 은퇴생활을 위한 노후자금은 충분히 마련할 수 있을 것으로 예상됩니다.

이러한 관리가 시간적으로나 육체적으로 다소 어렵다면 아르바이트나 직원을 고용해서 청소 관리 등을 아웃소싱 처리한다면 비용은 들어가지만 좀더 여유로운 은퇴생활이 가능할 수도 있습니다.

## 위탁운영 맡기기

거주하는 세대 외에 잔여 세대는 전문 운영사에 운영을 맡기고 운영수익을 배당 받는 방법도 괜찮은 방법입니다.

크게 신경 쓰지 않으면서 1년 내내 알아서 관리해주고 수익을 내줄 수도 있어서 수익률은 직접 운영하는 것보다 다소 낮을 수 있지만 안전하고, 신경 쓰지 않아도 되고 편하다는 점에서 은퇴생활자에게 권장하는 방법입니다.

## 09. 은퇴자금 설계 플랜

심주호가 제안하는 은퇴자금설계 방법은, 현대사회에 처해 있는 소비자의 재정적 특성을 살리고 현재 보유한 자산을 안전하고 최적화할 수 있는, 유망 소형 부동산을 선택해서 일정 기간 동안 거치투자를 거친 후 은퇴 시점을 전후로 일부 해당 소형 부동산을 매각해서 얻은 매각대금으로 즉시연금 등으로 갈아타는 방법입니다.

즉 앞에서 알아본 'J 테라스' 등의 유망 소형 부동산 투자와 즉시연금 상품을 혼합한 형태로서 잘만 활용한다면 어렵지 않게 은퇴자금 마련과 은퇴생활까지 한꺼번에 해결할 수 있을 것으로 예상됩니다.

📍 Plan 구조도

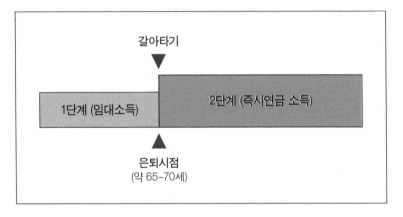

### 1단계 (현재~은퇴 전)

플랜은 실투자금 약 몇천만 원대의 소액으로도 충분히 가능한 설계방법으로서 주로 투자 유망한 주요 관광지나 수도권, 역세권 지역의 오피스텔이나 레지던스 등이 투자대상입니다.

| 구분 | 내용 |
|------|------|
| 대상 부동산 | 오피스텔, 레지던스, 호텔 등의 수익형부동산 |
| 지역 | 주요 관광지역, 수도권 등의 유망지역 |
| 실투자금액 | 약 4천만원대 ~ 3억원대 |
| 투자기간 | 약 10~20년 (은퇴전까지) |

특히 플랜의 경우는 몇천만 원대의 소액으로도 설계가 가능하다는 점이 특징적이기 때문에 대중적인 설계방법이라 할 수 있습니다.

1단계에서는 은퇴자금 마련에 적합한 대상 부동산을 선택해서 분양을 받거나 매입을 하는 단계로서 아파트 등의 주택을 제외한 오피스텔이나 레지던스 등의 소형 수익형 부동산을 대상으로 합니다.

## 2단계 (은퇴 이후)

플랜의 2단계는 은퇴 시점을 전후로 해서 그동안 투자를 했던 소형 수익형 부동산을 매각하고 그 자금으로 시중 보험사의 즉시연금으로 갈아타는 방법으로서 소액이라도 은퇴 시점까지 자금을 극대화하여서 안정적으로 노후연금을 수령할 수 있도록 하는 설계 방법입니다.

이렇게 현재 70세의 어르신이 마련한 약 3억 원으로 즉시연금에 가입하면 종신토록 약 120만 원 정도를 받을 수 있는 설계가 됩니다.

📍 Plan 평가

| 기회요인 | 위협요소 |
|---|---|
| - 평생 안정적인 연금수령이 가능함<br>- 연금액이 주택연금보다 많을 수 있음<br>- 시세차익도 가능 | - 부동산 가격하락 위험<br>- 연금액이 일부 변동할 수 있음 |

## Plan 실전 사례

📍 예시 〈예상 실투자 금액〉

| 대상 부동산 | 레지던스(생활숙박시설) |
|---|---|
| 지역 | 제주도 제주시 연동 |
| 분양가/매매가(가정) | 180,000천원 |
| 투자기간 | 20년 |
| 대출 | 50% |
| 예상 실투자금액 | 98,280천원 |

수익형 부동산 투자하지 마라! 이걸 알 때까지!

| | |
|---|---|
| 부동산가치 상승률 | 연3% |
| 20년후 미래가치 | 325,000천원 |
| 즉시연금가입 가능금액 | 325,000천원 |
| 즉시연금가입금액 | 235,000천원(100만원이하 절삭) |
| 가입연령 | 70세 |
| 예상 수령액 | 월 900천원 ~ 1,000천원 |

※ 가정에 의한 수치이므로 사실과 다를 수 있습니다.

20년 후 이 부동산의 월세가 얼마나 할지는 그때 가봐야 알겠지만 시설이 낙후한다는 점과 고령의 은퇴자(투자자)가 관리하기 쉽지 않다는 점 등의 상황이 발생할 수 있기 때문에 사례처럼 매각해서 그 자금을 즉시연금으로 갈아타는 방식도 꽤 적정할 수 있습니다.

수익형 **부동산**
# 투자하지 마라!
## 이걸 알 때까지!

**초판 1쇄 인쇄** 2018년 09월 11일
**초판 1쇄 발행** 2018년 09월 17일

**지은이** 심주호 (대표전화 1599-5753)
**펴낸이** 김양수
**표지 본문 디자인** 곽세진          **교정교열** 박순옥

**펴낸곳** 도서출판 맑은샘    **출판등록** 제2012-000035
**주소** (우 10387) 경기도 고양시 일산서구 중앙로 1456(주엽동) 서현프라자 604호
**대표전화** 031.906.5006   **팩스** 031.906.5079
**이메일** okbook1234@naver.com   **홈페이지** www.booksam.kr

© 심주호, 2018

ISBN 979-11-5778-333-5 (03320)

*이 책의 국립중앙도서관 출판시도서목록은 서지정보유통지원시스템 홈페이지(http://seoji.
 nl.go.kr)와 국가자료공동목록시스템(http://www.nl.go.kr/kolisnet)에서 이용하실 수 있습니다.
 (CIP제어번호 : CIP2018029561)
*이 책은 저작권법에 의해 보호를 받는 저작물이므로 무단전재와 무단복제를 금지하며, 이 책
 내용의 전부 또는 일부를 이용하려면 반드시 저작권자와 도서출판 맑은샘의 서면동의를 받아
 야 합니다.

*파손된 책은 구입처에서 교환해 드립니다.    *책값은 뒤표지에 있습니다.